JN419026

# 바다의 샘

네 번째 이야기

국립중앙도서관 출판예정도서목록(CIP)

바다의 샘/ 지은이: 배종대 외. -- 서울 : 문학공원,
2014
168p. ; cm. --
(한국시사랑문인협회 엔솔로지 바다의샘 ; 4집)

ISBN 978-89-6577-108-1 03810 : ₩10000

한국 현대시[韓國現代詩]
811.7-KDC5
895.715-DDC21 CIP2014028270

한국詩사랑문인협회 엔솔로지

# 바다의 샘

네 번째 이야기

김선옥
권재효
김계선
김순진
김영문
김원식
김인성
김종호
박수연
박종영
배종대
송유천
이정희
천향미
최해춘
하영순
한시종
류준열
정미선
조완상

문학공원

<발간사>

# 『바다의 샘』 4집을 출간하며

배종대 한국시사랑문인협회 회장

먼저 <바다의 샘> 4집이 오랜 진통 끝에 출간됨을 기쁘게 생각합니다. 자연은 시간을 헛되이 보내지 않으며 때가 되면 꽃을 피우고 튼실한 열매를 맺게 합니다. 우리도 깊은 바다에서 작은 샘물 하나 퍼 올립니다. 시간이 흘러도 마르지 않고, 詩를 사랑하는 우리 동인들의 갈증을 풀어주는 작은 샘이 되었으면 합니다.

동인지를 내면서 생각이 참 많았습니다. 경제적인 어려움도 그렇지만 한국시사랑문인협회를 사랑하셨던 분들이 하나 둘 떠나는 걸 볼 때 너무나 가슴이 아팠습니다. 그 중에서도 시사랑을 누구보다도 사랑하셨으며 버팀목이 되어주셨던 운경(雲耕)선생님이 떠나신 것이 가장 마음 아픈 일이 아닐 수 없습니다. 많은 문학모임이 있지만 어느 단체보다 결 고운 사람들이 모여 순수함을 잃지 않으며 과

장되지 않게 자기를 표현하는 그야말로 '순수문학모임'이라고 자부합니다. 글이 좀 모자라서 문학성이 떨어진들 어떨까요, 일상의 바람이 폭풍처럼 지나가도 가슴속에 꺼지지 않는 촛불처럼 맑은 심성을 길어 올려 작은 촛불 밝히는 작은 마음들이 참 소중하게 모였습니다.

<바다의 샘> 4집이 나오기까지 출간을 도와주신 도서출판 문학공원 김순진 선생님, 김원식 선생님 그리고 편집에 애쓰신 이정희 총무님 외 한국시사랑문인협회 회원님들 감사합니다.

2014년 가을

# 할미꽃

운경 **김 선 옥**

할미꽃은 주인 없는 무덤에 핀다
무덤의 주인이 할미인양
허리가 꼬부라져 청승맞다
생로병사(生老病死)가 한 줌 바람이란다

누가 보아주기나 하나
아무도 찾지 않는 깊은 산골
산새의 울음에 토혈을 한다
적자색 선혈로 물든 꽃잎에
보송보송 돋아난 털들은
홍조를 띤 처녀의 뺨인 양하다

단 꿈에 젖은 꽃술엔
흰나비가 거꾸로 매달려
달콤한 봄날을 즐긴다
할미꽃은 그제사 자기도 꽃임을
깨닫고 환히 웃는다

# 차 례

# 시詩

## 권 재 효

1995년 <시와산문>으로 등단
제주문인협회 회원
한국시인협회회원
시집 『대금산조』
『나는 우울을 즐긴다』
『내 마음 속 너도밤나무 숲』

# 찔레꽃 · 1 외 4편

권 재 효

얼큰히 취하면 아배는 백난아의
'찔레꽃'을 부르곤 했다
아배의 십팔 번 '찔레꽃'
못내 고향이 그리웠을까 아배는
'황매산 호랑이'이라 불리던
아배의 외가 쪽 먼 아재
일본 와세다 대학을 나온
그 고장 최고 수재라던 그이가
무슨 이유로 빨치산이 되었는지는
아무도 모르지만
보급투쟁 하러 산에서 내려왔다가
비운에 간 뒤
아배도 쫓기기 시작했다던가
'황매산 호랑이'를 아재로 둔 죄 하도 커서
고향을 떠난 아배
얼큰히 취하면 부르던 백난아의 '찔레꽃'
그때 아배의 고향에도
흐드러지게 찔레꽃 피었으리
산(山)사람 또 읍내 사람 흘린 피로
붉게 붉게 물들어 있었으리

# 찔레꽃 · 2

열한 살 즈음
형아 방에서 소설 『찔레꽃』을 몰래 읽었다.
'리리'라는 예쁜 누나가 주인공이었다.

그 후로 나는,
리리 누나랑 찔레꽃 핀 언덕길을
걷곤 했는데
어느 날 한숨을 쉬는 누나
눈가에 가득 이슬이 맺혀 있었다.
왜 그러냐고 물으면
너는 커서 절대로 여자를 울게 해선 안 된다고…

리리 누나가 찔레꽃을 한 움큼 따 흩날리자
갑자기 떼 지어 날아가는 나비

나플　　　　나플
　　　나플
나플　　　　나플

리리 누나의 서글픈 사랑과 함께
잡힐 듯 잡히지 않던 내 유년의 꿈들
하늘 높이 날아가고 있었다.

# 亡草의 변명

그때 우리가 맹렬한 기세로
이 땅의 山野를 점령해가고 있을 때
밭에서 지심 매던 조선 백성의 불평을 들었지예.
날카로운 호미 날에 댕강 잘려 짓이겨져도
금세 다시 돋아나는 우릴 보고
나라가 망할려니께,
생전 보도 못 한 풀까정 나타나 지랄이제,
이 망할 놈의 잡초, 이 망할 놈의…
그래 우리 이름이 亡草가 되었다 카지예.
우리의 원고향은 미국 어데라예.
선교사 구두 뒷굽에나 묻어왔것지예.
타향에 와서 우쨌던 살아남아야 할 거 아인교.
독하게 맴먹고 토종 잡초
틈새를 비집고 터잡이를 했는데
죄라면 그것밖에 없는데예,
조선 백성에게 단단히 찍혀버렸다 아입니꺼.
허기사 조선 백성인들 맴이 편했겠능교.
망해가는 나라를 그저 지켜볼 수밖에 없었던
천 근 같은 그 무기력함을 나누어질
못된 동무 하나쯤 필요하지 않았겠능교.
지랄 같은 우리가 딱이었지예.

숨쉴 구멍이라도 있어야 한 백년쯤 후에 다시
일어날 꿈이라도 꿀 수 있지 않았겠능교.
독종 같은 우리가 딱이었지예, 암요, 암.

# 양지꽃[1]

어매는 늘 내 웃는 모습이
양지꽃처럼 예쁘다고 했다

저 웃음 다치면 어찌할꼬?
울 어매,
열두 살 아들 남겨두고
차마 눈감기 애처로웠을까
잡은 내 손
놓을 줄 몰랐다
새록새록 그 웃음 일깨워 주려
해마다 무덤가
환한 양지꽃으로 피었던가

어느새 반백을 넘긴 아들
고단 항해에 지친 몸을 끌고
어매를 찾아가면
아직도 아들이 안쓰러운지
노란 웃음으로 조곤조곤 이르신다
큰 풍파에도 의연한 그 웃음이

---

1) 양지꽃 : 장미과에 속하는 다년생 풀. 양지바른 산기슭에 자라며 이른 봄 노란꽃을 피운다.

## 진짜 웃음 아니더냐, 아들아

# 달개비꽃2)

하필이면 그 아침 산사(山寺) 가는 길에
무슨 시위라도 하듯 길옆으로 달개비 꽃들 피어있는 것입니다.

아내가 먼저 발견하고 탄성을 질렀습니다.
여보, 사파이어 같애! 사파이어 같애!
순간 홍당무처럼 붉어지는 얼굴을 감추려고 짐짓 나는 하늘을 보았던 것인데
글쎄, 하늘조차 사파이어로 빛나는 것이 아니겠습니까.
삼십 년 전 아내 손가락에도 푸른 보석 반짝였지요.
가난한 남편, 가짜인 줄 알면서도 끝내 모른 척하던 아내
이제 삼십 년도 더 지나 이렇게 복수를 하다니!

풀숲에 바람 일고
원도 없이 보석으로 치장한 아내가 현란한 빛의 향연을 벌입니다.
끝없이 내게 무안을 주는 것이 통쾌한지
삼십 년 전 그 여자 꽃이 되어 함께 웃고 있습니다.

---

2) 달개비 : 1년생 풀. 닭의장풀이라고도 한다. 귀화식물인 자주달개비와 혼동하는 쉬운데 자주달개비는 꽃의 색이 더 짙고 다년생풀이다.

## 김 계 선

공무원연금 수필문학상 수상

좋은인연 공무원연금 문인협회 정회원

시집 『나도 울컥 피고 싶다』

# 마라토너 외 2편

김 계 선

어쩌면
인생은 마라톤 같은 것인지도 몰라
고독한 레이스를 홀로 펼치면서
폐부 깊숙이 찌르는 바람을 가르고
하얀 꽃 빗속을 내 달린다
나 자신에 도전하는 마음으로
인간의 기량을 초월하는
고독한 투쟁이다

푸른 혈맥을 흐르는 뜨거운 피가
두 주먹에 뱀같이 불끈불끈 솟아난다
내려앉는 꽃잎 위로 땀방울이 맺힌다
들숨 날숨 몰아쉬며 다투어 얻은
승리의 기쁨보다
해내고야 말겠다는 완주의 다짐이
날 더욱 달리게 한다
인생의 레인처럼 저만치 뻗어 있는
저기 저 선을 향해

# 세월호 참사

그 성난 바다에서는
아무런 승산이 없었다
그 바다는 미쳐 있었다
한 번도 피어보지 못한
여린 꽃잎 같은 가슴을
마구 물어뜯는다
죄 눈망울같이 빤작거리던
자식들이 저 바닷속에 있다니
팽목항 바다는 왜 저토록 거칠게
몸부림치는가
아직도 돌아오지 않는 아이들아
아무것도 알지 못하는 4월의 거리에
벚꽃들은 저리도 화사하구나
4월 죄 많은 4월이여
통한처럼 비가 내리는 팽목항에
던져서 잊어버리고 싶은
그날의 기억들이여

# 이 산에 오면

아! 나 이 산에 올 줄 몰랐네
벌거숭이 민둥산에
내 진정 올 줄 몰랐네
마음에 밟히는 사람을 두고
뜨거운 눈물 뿌리고 떠난 사람아
타든 몸부림이 저 흙 속에서
침묵으로 마감할 줄 몰랐네
나 죽어 이 산에 다시오면
날 반겨 맞아줄 사람아
화려한 꽃상여 타고
여왕처럼 산에 오르면
저 흙 속에서 침묵으로 맞이해줄
이 산이 될 줄 진정 몰랐네

## 김 순 진

경기도 포천 출생
아호는 녹산(鹿山)
중앙대 예술대학원 수료
계간 <스토리문학> 발행인
고려대학교 평생교육원 시창작강사,
2013년 수필춘추 문학대상 수상
시집 『광대이야기』, 『복어화석』
장편소설 『너, 별똥별 먹어봤니』
수필집 『리어카 한 대, 『껌을 나눠주던 여인』
장편동화 『태양을 삼킨 고래』
평론집 『자아 5, 희망 5의 적절한 등식』
시창작이론서 『좋은 시를 쓰려면』
『효과적인 시창작법』
편저 『애인』 외 다수

# 뾰족한 시 외 4편

김 순 진

늦게 퇴근해 들어오니
철사가 삐져나와 자꾸만 가슴을 찌른다며
아내가 브래지어를 꿰매고 있다
버리고 또 사면되지 꿰매 입을 것까지야 있느냐
말하려다가 본전도 못 찾을 것 같아 입을 다문다
사업해서 번번이 망하고 게다가 시까지 쓰는 주제에
무슨 할 말이 있느냐, 쏘아붙일까봐
못 본 척 시집을 읽는다
남자의 자존심을 세우느라
브래지어를 꿰매 입는 아내에게
돈도 못 벌어오면서도 되려 큰소리쳐온 나
식당일 공장일 병원일 허드렛일을 전전하며
내가 시를 쓰도록 묵인해준 20년 동안
얼마나 많은 말들이 아내의 가슴을 찔러댔을까
사람들은 내 시가 재미있다고 하지만
아내에게는 뾰족한 비수였으리
오늘은 내 시가 나를 찌른다

# 메추리알

메추라기는 어미 뱃속에서
제 고향 지도를 그려
온 몸에 뒤집어쓰고 세상으로 나온다
물소리를 그려 넣고
산 그림자를 그려 넣고
개울가 돌바닥을 그려 넣고
어미새의 핏빛 산고까지 그려 넣느라
정작 자신의 모습을 그려 넣지 못한 메추라기는
좁은 새장에 갇혀
끼룩끼룩 목소리로 강 언덕을 기어오른다
그저 DNA만으로도 고향을 기억해내
결코 강바닥을 잊지 않는다
언제 고향땅을 밟아보았는지
언제 고향하늘을 날아보았는지
기억이 나지 않는 메추라기는

# 햇살론

저녁때쯤, 온종일 걸어온 해가
다리가 아파 호수 위에 주저앉았을 때
사람들은 그를 보고 물여울이 곱다고 했다
장마 끝에 모처럼 해가 모습을 드러냈을 때
사람들은 그를 보고
무지개가 너무 아름답다고 했다
쉬고 있는 것을 보고 곱다니,
그럼 어머니께 장에서 무등산 수박을 사들고
마루터기 소나무그늘에 앉아 쉬실 땐 한 폭 수채화였겠다

몇 년 전 나는 햇살론을 대출받았다
기사회생으로 일어나고 있으나
빚 독촉에 물여울이나 무지개를 생각하기란 쉽지 않다
어머니는 그렇게 많은 사랑을 융자해주고도
단 한 번 되돌려달라거나
이자 받을 생각을 하지 않았다
햇살론을 대출받은 나는 아직도 긴 장마 속을 지나고 있다
햇살은 그렇게 많은 빛을 융자해주고도
십 원 한 푼 독촉하지 않는다

# 습지

사람들은 우포늪에 자주 간다
자연생태공원이라고 좋아한다
내게도 언제부턴가 사타구니에 습지가 생겼다
그런데 관광객 수가 현저히 줄었다
자꾸만 습기가 차고
꼬리꼬리한 냄새도 난다

정부에서는 습지 보전을 위해
갖은 노력을 강구하는데
나를 관리하는 거버먼트 여인은
생태계가 무너지거나 말거나 무관심이다
따지고 보면 주변의 환경개선을 위해 애쓴 내게
그러면 안 되는 것이다

내 습지에도 건기가 오면
웅장한 건물이 들어설지도 모른다
건기였다 우기였다 이젠 위기인 나의 습지
나는 보존대책을 강구하기 위해
상류에다 술을 들어붓는다

# 깻잎 반찬

깻잎 같은 사람을 만나고 싶다
실에 꿴 깻잎뭉치처럼 뭉쳐 살고 싶다
서로 떨어져 국수 수제비를 먹고 살다가도
만나기만 하면 서로 따끈한 쌀밥 한 술 산다고 우기며
깻잎을 얹어주고 싶은 사람
아래 있는 깻잎 꼭지를 젓가락으로 잡아주고 싶은
그런 사람을 만나고 싶다
깻잎장아찌가 서로 붙어 잘 일어나지 않을 때
밑장을 지그시 눌러주거나
먹고 사는 일을 거들어주고 싶은 사람과
이웃하며 살고 싶다

## 김 영 문

월간 <시사문단>으로 등단

한국시사랑문인협회 회원

시집 『농부와 씨앗』(2003년)

『수평선에 흐르는 달빛』(2013년)

## 해변에서 만난 연인들 외 4편

김 영 문

가끔 해변을 거닐다 보면
연리지(連理枝)를 시샘하듯
연인들끼리 손을 잡고
무엇이 그리 우스운지
여자는 표정 관리하면서 꽁냥거리고
남자는 그저 좋아서 웃음으로 답한다.
화답하는 저 웃음소리는
지금은 모른다.
훗날, 저 두 사람이
행복과 불행이 도사린
장밋빛 인생 늪 속으로
빨려 들어가는 신호라는 것을.

# 잉태(孕胎)

짜릿한 쾌감으로
새 생명을 잉태(孕胎)할 때는
신은 그 속에
온갖 능력과 희망을 함께 불어넣는다.
살면서 아무리 고달프고 힘든 일이 있어도
절대로 절망하지 말고
희망하라고…

# 농부와 씨앗

농부가 밭에 씨앗을 뿌리네

어떤 씨앗은 토양이 기름지고
싹 트기 좋은 곳에,
어떤 씨앗은 메마른 곳에 떨어지네

운이 좋아
기름진 곳에 떨어진 씨앗은
제때 발아하여 무럭무럭 자라나
화려한 꽃을 피우고
알찬 열매를 맺게 되지만

운이 나빠 박토에 떨어진 씨앗은
어렵게 싹 터 보지만
자라는 데 힘이 들어서
꽃을 피우는 둥 마는 둥
보잘 것 없는 꽃을 피우고
열매라야 쭉정이만 맺고 만다네

농부를 탓할 것인가
박토를 탓할 것인가

그대. 농부를 고마워하지 않으면
농부는 그대를
포기할지도 모른다네

# 쑥국

우수가 지나서 봄비가 내리면
양지바른 언덕이나 길섶에
쑥, 냉이, 달래, 민들레가 시샘하듯
봄의 전령사로 얼굴을 내미네

겨우내 꽁꽁 얼었던
땅속에서 서로 먼저 나서겠다고
잔설이 채 녹기도 전에
봄나물이라는 이름으로
내밀었던 얼굴들이
찬바람에 움츠러드는데

동네 처녀와 아낙들이
봄맞이하려고
바구니 옆에 끼고
들판 여기저기에
나물을 캐러 다니면
아지랑이가 제일 먼저
바구니에 올라앉네

캐어 온 나물을 깨끗이 씻어서
된장 풀고 굴을 넣어
쑥국을 끓이면
향긋한 향기는 입안에 서리고
아지랑이 향기는 눈꺼풀에 서리네

# 그대 서러운 이름이여

그대는 모를 겁니다
계절 잊은 긴긴 밤
홀로 지새우는 애절함을

석양에 날아가는 새들도
안식처를 찾아드는데

어쩌다가
그대라는 그리움의 이름을
눈에 넣은 나는
뇌쇄(腦殺)의 화신이 되어
죽을 때까지 제 자리를 맴돕니다

타들어 가는 촛불이
자신의 몸을 태워 주위를 밝히듯
사랑을 위하여 스스로 재가 됩니다

잿물로 밝힌 불빛 따라
그대 혹여나 뜨거운 가슴으로
내게 다가와 주려나
서러운 이름이여!

# 김 원 식

한국스토리문인협회 회장.

이메일 wind1120@hanmail.net

경기 분당 거주

# 데칼코마니 외 4편

– 아버지

김 원 식

아버지는 칭찬도 화를 내며 하셨다
전교 우등상을 받던 날
궐련을 물며 아버지는 혀를 차셨다
'노름판에 논밭떼기 다 날리고
저것을 어찌 갈 켜. 먼 조화여'
눈보라에 빈 장독 홀로 울던 새벽.
몰래 생솔가지로 군불을 때주시며
한숨이 구만 구천 두이던 아버지는
자식 사랑도 당신 타박으로 하셨다
사립문 옆 헛청에 나뭇짐을 부리며
시침 떼듯 진달래를 건네주던 당신께
나의 숨김은 하나만은 아닌 듯하다
구들장 틈으로 새는 연기를 참으며
자는 척, 당신의 눈물을 본 것이요
꼭 탁한 아비가 된 나를 본 것이다
아직, 서슬 퍼런 지청구는 여전한데
여태껏 당신 속정까지는 닮지 못했다

# 자목련[3]을 읽다

목적어가 필요 없는 허공에
수식어 같은 잎도 사치다.
오직 思慕, 주어만 필요하다.
허공의 행간을 겨우내
서리꽃 목필로 채운 뜻,
숭고한 사랑의 징표 때문이다.
황홀한 수줍음 여전한 너.
두 손 번쩍 들고 마중하다가
4월 첫 자리에 홍자색 연정
죄 엎지른 네 설렘을 알겠다.
자지러지듯 고혹적인 점등식.
혼절한 단문, 자목련을 읽는다.

---

3) 자목련 꽃말 : 사모. 사랑. 숭고한 정신.

## 생애(生涯)

연초록으로부터 낙엽으로
그가 허공에 머문 시간.
그가 지상에 키운 그리움.

# 천년의 길

골목길 걸어 나온 담벼락에
무장무장 제 몸 불려낸 금.
그 틈 밖으로 민들레 아득한 홑詩 피고
수수천일, 참매미 짧은 울음이 걸어온 길.

# 야생화

바투 보지 마라.
눈길로도 위태롭다.
먼빛으로도 충분하다.
사붓사붓 걸음에도
꽃부리가 해진다.
나로서 향기로운 적 있었다면
그 발길 내리 딛지 마라.
함부로 사랑한 일도
그대는 충분히 죄다.
내버려둬라
무명초처럼 어엿이 살다가
꽃살문 속에 다시 필 테니.

## 김 인 성

한국시사랑문인협회 회원

한국시인협회 회원

# 창밖을 보니 외 4편

김 인 성

창밖에 흩어지는 낙엽의 편지
흘러버린 그 시절이 추억으로 오네

이 세상에 없는 환상처럼
허공을 맴도네

뒤돌아 갈수 없는
시간의 아쉬움 남기며
그대 그리운 날은
내 마음도 비가 내리네

지난 추억들에 물방울을 튕기며
호젓한 찻집에 앉아
지난 일들 아스라이 사라지는
내 마음의 풍경을 보네

# 기타를 치면

에스라인 쭉쭉 빵빵 몸매
탱글탱글 여섯 가닥에
저마다의 사연을 실어 날려보낸다

공부를 튕기고
직장상사에 튕기고
고단한 삶 속에 허우적거리다
고달픈 사연을 기타에 실어
모든 스트레스를 음악의 선율에 실어
자기만의 흥겨움에 빠져드네

잠깐의 행복을 위해
에스라인에 온몸을 맡긴
행복의 여섯 울림 딩가딩가딩

# 마라도

제주도가 낳은 섬
그 이름에 얹혀사는 막내가 되어
늘 연푸른 파도를 쌓는 소라귀
넓이나 키는 더 자랄 수 없어
섬사람 어루만지는 남쪽에 누워있다

물새만 날아드는 망망한 바다
거센 파도 속으로
너는 잠이 깊고
만선이 되지 못한 갈치 배는
선등 불빛 밝혀 새벽을 쫓는다

먼 해원으로 밀려오는 해풍에
태고의 신비를 유혹하는 마라도
드넓은 잔디밭에서 노란 선인장이 가시 돋친 인사를 한다

머리 위를 날아오는 갈매기 떼가
마라도를 말아 올린다

# 오일장

자식처럼 키워낸 남새
올망졸망 보따리 채우느라
밤잠 설쳐가며
손톱 밑에 진한 밤색으로
물들여 놓고

먼동이 트기 바쁘게
서둘러 시끌벅적한 장터에
자식처럼 키워낸 채소
예쁘게 차려놓고

황소졸음 쫓아내며
새 주인을 기다린다

# 옥상 위의 묵상

아파트를 벗어나 주택에 살며
홀로 오르는 옥상
하루의 일과를 끝내고
시내를 바라보며
흡족한 이 기분 누가 알까

숨 가쁘게 살아온 내 삶은
이제야 한가하게 먼 풍경까지 눈에 들어온다

내 인생 하오에서
무엇을 갈무리해야 하는지
묵상의 시간은 노을을 부르고

아파트가 아닌 주택은
사람 사는 모습이 정겨운 풍경
아파트에서 볼 수 없는
이웃과 함께 어울려 사는 재미
주택가의 묘미 나 홀로 묵상한다

# 김 종 호

한국문인협회 회원

나래시조 회원

예술인총연합회 문경지부 감사

# 엄마야 같이 가자 외 4편

김 종 호

찢어진 구름 사이
달 따르는 별 하나

치맛자락 놓칠세라
반은 울고 반은 뛰고

한 걸음 더 멀어지면
큰일 나는 나의 세상

# 풍뎅이

항로를 이탈하니
별의별 일 다 생긴다

뒤집힌 채 날아봤니
제자리만 뱅뱅 돈다

세상이 거꾸로 일 땐
이룩이란 없더라

## 콩밭

며칠 전 흰콩이
직장을 잡았다

검정콩도 뒤이어
직장을 잡았다

품었던 청사진들을
떡잎으로 내밀었다

# 잠자리

풀잎에 이슬 내려
잠 자리 불편한지

창틀의 방충망에
반반(半)자를 쓰고 있다

안과 밖 어디서 봐도
네 모습은 반이로군

# 까마중

새까만 맨머리는
반들반들 윤나고

한자리 오불조불
법당이 따로 없네

웃음이 깨우침임을
동자승은 다 안다

## 박 수 연

부산 출생

중앙대학교 사범대 졸업

2002 <한맥문학> 등단

해운대문인협회 사무국장 역임

# 얼룩 외 3편

박 수 연

며칠 전부터 현관 앞바닥에
물방울무늬의 얼룩이 보인다.
식구 중 누군가가 흘렸을지 모르는
하얀 바닥에 난 서너 개의 얼룩.
눈살을 찌푸리게 함에도
게으름으로 며칠이 지난다.
얼룩이 신발에 묻어온 덧칠에
까만점이 되고서야 걸레를 들었다.
현관 앞 마루 문턱 앞에 쪼그리고 앉아
닦고 몇 번을 닦은 자리
또 까만점이 보인다.
일어나 멀리서 본 그 자리 멀쩡하다.
다시 앉아보니 또다시 까만 점.
몇 번을 앉았다 일어났다
그제야 내 발가락의 그림자임을.

아.
짧은 깨우침.
살아오며 만든 수많은 내 얼룩.
업장으로 돌아올까?

# 시장 칼국수, 시장 막걸리

장마까지 겹친 무더운 팔월 초. 모두 휴가 떠난 조용한 며칠이다.
가끔 들려오는 태풍 소식에 혹여나 농부들, 어민들, 하 수상한 나랏일에도
걱정을 하게 되는 나이가 먹긴 먹은 나인가보다.

팔자에 없던 미국행 휴가를 한 달 반이나 다녀온 지 며칠밖에 되지 않아 내가 지냈던
엘에이의 시원하고 습기 없던 날씨를 그리워하며, 두고 온 아들과 서로 헤어질 때 울지 말자며
손을 잡고 공항 가던 차 안에서의 마지막 이별 순간이 짠해 어느새 눈가가 촉촉이
젖어드는 나날이다.

비가 오는 날이면 대부분 서민은 정구지 찌짐과 막걸리를 그리워한다.
보슬보슬 비가 내려 어두워가는 저녁 시간 몇 달 만에 보는 친구가 찾아왔다.
매일 먹는 밥을 매일 무엇을 먹을지 고민하는 우리네 일상이지만 이렇게 비 오는 날은
고민을 쉽게 해결하기도 한다.

재래시장 막다른 골목으로 돌아가면 <시장 칼국수, 시장 막걸리> 간판이 붙은 허름한 식당이 있다.

주머니 가벼운 등산객들이 산에서 내려와 들리는 곳, 시장을 보러 나온 삼삼오오의 아줌마들도

손쉽게 들리는 곳.

6~7년 전부터 열었던 가게는 제법 장사가 잘되었는지 앞 가게를 사고 가게 옆 시장 길거리에다

자리를 마련해 장사하고 있다.

습기 먹은 여름 저녁이면 전을 부치는 냄새가 저 멀리서도 허기진 배를 자극한다.

빈자리 겨우 하나 찾아 메뉴판을 본다.

25가지의 메뉴가 빼곡히 쓰여 있고 가장 비싼 메뉴가 만 원 하는 고갈비 구이고.

메뉴 대부분이 3,000원에서 5,000원이다.

왁자지껄 가게 안엔 새로 일하러 온 아줌마답게 서너 번씩 주문을 물어보고

기다리기에 지친 성질 급한 사람들은 냉장고 속 술병을 마음대로 내다 먹는다.

고 노무현 대통령이 즐겨 마셨다고 유명해진 막걸리는 나이 지긋하신 분들의 향수를 자극하며

삼삼오오 찌그러진 양은 주전자에 부어 세상사를 안주 삼아 몇 통째를 마신다.

한 잔만 마셔도 얼굴이 벌건 아저씨, 저 안쪽에서 무슨 사연인지 토라졌다, 화해했다 하는 연인.

정구지 전, 동태 전, 가오리찜…

다양한 안주를 시켜도 15,000원.

살기 힘들다는 요즘 시대

값싸지만 푸짐하고, 맛있는 음식들로 서민의 주머니를 생각해주고, 경상도 무뚝뚝한 발음의 주인

아줌마는 물을 찾는 나에게 '물은 셀프'라고 외치다가도 슬며시 갖다 주는 정이 넘치는 가게.

친구랑 남편은 이런 가게가 있어 행복하단다.

이런 식당이 어디 있느냐며 막걸리, 소주 한 잔에 기분이 날아간다.

## 희망

날마다
해거름 녘이 되면
아파트 입구 길가에
작은 입간판
불을 밝힌다

늙으신 부모님과
4시간을 빚었다며
만들어온
만두 100통

1톤 트럭가게에서
수줍은 듯
웃는 얼굴에도
세상에서 제일
맛있는 만두라
자신 있게 말하는
만두 파는 젊은이

꿈과 의지가
뭉글뭉글 만두 찌는
연기 속에
가득히 퍼져가고

난 오늘도
만두 한 통 안에
젊은이의 희망을 사왔다.

# 비워야 가벼운 것

목구멍 즐겁다고 마구 먹은 저녁
불룩한 뱃속 잠자리가 불편하다.
신트림, 분출되는 가스에 잠 못 들고

첫새벽 비워낸 욕심 덩이
그제야 속이 가라앉는다.

세상사 눈멀어 욕심부리고
잇속 채워 알게 모르게 짓는 죄
무성한 푸른 잎도 가을 되면
화들짝 놀라 털어내어 거름 되듯
비워야 가벼운 것을.

## 박 종 영

월간 <문예사조> 등단

사단법인 창작문학예술인협의회 회원

대한문학세계 회원

모던포엠작가회 호남지회 회원

한국시사랑문인협회 회원

第13회 공무원문예대전 시부분 은상 수상

시집 『그대 아름다운 이별쟁이』 2004.

『소리의 춤』 2009.

# 하늘 억새 외 4편

박 종 영

산을 오르다 보면 억새는
언제나 산을 향해 머리를 푼다

은빛 웃음으로 조아리는
한 움큼 이별의 말씀,
산 위로, 산 위로만 올려 보내는 춤사위

풍경 한 폭 멈춰선 산허리 어디쯤,
큰 고요가 서러워서
저토록 머리 풀고 이별을 손 흔드는 것인가?

산굽이 돌아 바라만 봐도 오싹해지는
저, 초록 물빛 선선한 바람 따라
동동하게 여문 가을 들녘,

무더위 밀어내고 일어선 황톳길에
보송보송 목화송이 하르르 하얀 웃음 흩날리고,
덩달아 나도 하얗게 흔들리고.

# 황금 붕어빵

검은 쇠 집을 뒤집으니 아련한 소리를 낸다
황금 붕어 한 마리 구휼(救恤)의 의무를
온몸에 각인하고 세상 밖으로 나온다.

눈과 지느러미 뼈와 살은 오직
얼음기둥 칼바람 맞으며
파란 성장의 길을 살아온 우리 밀의 살덩이다.

다시 낱낱이 기억할 수 있도록
발가벗은 체 하얀 가루로 반죽이 되고,
쇠붙이의 온기에 터 잡아
차지고 달콤한 육질로 배고픈 좌판에 놓인다.

해 짧은 겨울 모퉁이
벌벌 떠는 손으로 황금의 배를 쩍 가른다
모락모락 솟아오르는 하얀 따스함
보라색 팥고물의 유혹이 입안에서 달콤하다.

후미진 거리 가로등이 늦은 밤을 하품하고,
찬 기운 웅성거리는 겨울 강으로
포장마차 주인의 방생(放生)은 계속되고 있다.

## 꽃과 새들의 춤

경칩 지나고 겨울 떠나는 날
숨어 바람 이기고 목청 다듬는 동박새
추운 날 모두 거두어 가는 청초한 춤이기를

황매화 노란 웃음 위에
날뛰는 노랑 부리 딱새
어둠 헤치고 동동하게
빗살 치는 춤이기를

겨우내 주눅이 든 검은 땅
하늘바라기 크게 숨 돌리는 종다리
한판 난장으로 펴대는 흥겨운 춤이기를

언 땅 밀치고 일어서는 노랑 복수초
연둣빛 속살로 가벼운 웃음 흘리는 변산바람꽃
두근두근 붉은 가슴 내밀어 통째로 밝히는 동백꽃

정녕 너희들 꽃 춤으로만 설레는 우리
높은 산 아뜩하게 살가운 봄은
자분자분 3월이었음을 기억하게

# 푸른 오월에

고향 언덕배기
척박한 땅 자리하고 피는 들찔레
그 하얀 가슴에 첫사랑이 보이는 오월입니다

청보리가 낮달을 품어 배를 불리고
청명한 바람이 강산에 고루 퍼지면
꽃 진액 달고 끈끈하게 피는 늦깎이 철쭉

입하 지나 해는 길어지고
먼 산 뻐꾸기 울음이
애잔한 마음에 물결을 씌우는 한나절

어느 누구에게도 다가가지 못하는 외로운 시간
잔인한 사월의 아픔을 밀어내고
풋풋한 웃음을 피워내는 오월,

그 풋풋한 웃음을 섞어 차지게
먹이고 먹어야 하는 환희의 오월입니다.

# 탓하기

눈길 닿는 곳마다 불타던 봄이 엊그제
환절의 길목에서 행여 나아질까 바동대며 살아왔는데
이리 성치 못한 시절 헛발질만 해대고 나서
살아온 날이 검불처럼 수북하다.

한 되게 돌고 돌아 겨우
어지러운 길 원점에 멈추어
어리석음 탓하니 여름 산이 가슴을 열고
어서 안기라 다독이어 더욱 서럽다.

켜켜이 쌓여 두려운 세상 분간하는 사이
아랑곳없이 새벽 준봉을 타고
도도하게 밀려오는 낯 설은 산천은
타관에 정 붙이라 방황을 부추기고,

엎드려 지나온 세월 배웅하는
풀물 같은 설움이
무릎까지 차오른다.

## 배 종 대

<부산시인> 등단

한국시사랑문인협회 회장

윤동주선양회 부회장

부산시인협회 이사

시집 : 『홀로 있는 시간』

서간집 : 『반용산의 새벽편지』

# 멍에 외 2편

배 종 대

새벽이슬을 신고
쟁기질 하시던 아버지는
다랭이밭 모퉁이에 앉아
땀 냄새 나는 베잠방이 벗어
바람벽에 걸어둔다

아직 깨어나지 않은 새벽이
밭이랑으로 걸어올 때
허리춤에 달라붙은
세월의 언저리 만지며
곰방대 담배 잠겨
하얀 세월을 태운다.

이러, 이러 하는 쉰 목소리
뗑그렁거리는 요령소리는
바리톤 화음이 되어
늙은 성악가의 노래로 불리우고
새벽 물리친 햇살이 비치면
소쩍새 슬피 울어 봄날이 가는데
아버지의 봄은 언제 다시 올지
구부러진 멍에위에 우리를 얹고서
이러, 이러, 하면서 이러고 있다

이러. 이러, 이러. 이러, 이러

# 청사포 연가

청사포 등대에
새벽이면
긴 머리 풀어헤친 여자가
닳아버린 영혼하나 줍기 위해 징징 울고 있다

끓고 끓는 속살이하다
무너져 버린 낱말을 주워 담을 곳은
어디 청사포 등대뿐이랴 만은
등대는 아무런 말 한마디 하지 않은 채
아득한 그리움의 별 하나 이고서
간절한 흔들림으로 새벽을 맞고 있다

투명한 속살을 뚫고
불어오는 새벽을 헤쳐
추락하는 외로움의 고독과
타원형 드리운 별 하나 주우면서
한줄기 빛을 찾아 간 바다에는
매몰되는 세월의 끝에
무서운 고독이 추락하고
젖은 마음은
오버 깃 세우고 긴 머리 여자 따라간

젊은 남자의 발끝을 생각하며
청사포에 무겁게 표류하고 있다

# 봉숭아꽃

보여줄까 말까
터드릴까 말까

안 돼! 손톱 밑 반달이 보고 있어
그래 좋다
빨간색 커튼 가리자

톡. 톡. 톡
사랑이 익는 소리

## 송 유 천

2004년 한국시사랑문인협회로 등단, 현 회원

한국시사랑문인협회 부산지부장 역임

한국시사랑문입협회 고문 역임

지리산 천상병시문학제 추진위원 역임

# 여보 미안하오 외 2편

송 유 천

아내는 한바탕 언성을 높인 나를 뒤로하고 꼬마 셋과 먼저 밖으로 나갔다
뒤따라 나선 나는 골목 입구에서 바라보고만 있었다
싸늘한 엄마의 모습에 이끌려 뒤돌아 손만 흔드는 내 아이들
골목을 벗어날 때까지 우리는 손을 흔들었다
아내는 끝내 돌아보지 않았다
눈물이 났다
짐을 꾸린 나는 밥상에 메모를 남겼다

내 어찌 당신의 마음 모르겠소
떠나는 내 모습을 자식들이 보며 울지 않도록
그리고 당신이 흘릴 눈물을 보이고 싶지 않았어
또 하나 나의 걸음 가볍게 가라고
어린 자식들 맡기고 가는 내 마음 무겁소만 당신이 고맙소
가서 전화하리다

그러나 마지막 줄에
'여보 사랑해'라는 말을 남기지 못해 미안하오
이제야 이 생각을 한 못난 남편, 정말 미안하오

* 2013년 9월 29일 탑승 직전 인천공항에서

# 나는 너를

나는 너를
빛이 무어라 말하지 않아도 되는
사람이라 부른다

네가 생각나면
침묵으로 눈을 감으면 행복이 되는
내가 있음은

참으로 참으로
즐거이 새겨질 풍경들이 하늘로 피어나는
네가 있음이니

이 한 세상 마주하여
하나 된 빛을
무어라 말하지 않아도 되는

나는 너를
신의 사랑이라 부른다

* 2012년 1월 막내가 태어났을 때

# 나의 기도는 언제나

나의 기도는 언제나
분심도 이해하시어 헤아려 주십시오 하면서
이렇게 맺는다

아이고 이게 무슨 기도야
아이고 제 잘난 맛에 사는 놈이
무슨 용서를 받고 자시고 할 게 뭐가 있어
그대로 잘난 맛으로 살지 그래

입은 기도문을
눈은 세상을
손은 꼼지락 꼼지락 제 놀이를 하고
머리는 온갖 잡것들이 난리다

그래도 기도 중에 보이는 영상들은

첫째가 자식들이요
마누라요
내 형제들이요
하늘에 계신 부모님이요

언제나 마음먹으면 마주할 수 있는 사람들이다
그러다 잊었던 나의 이웃들이 가끔 찾아온다
그중에 가장 큰 사람은 먼저 하늘에 간 나의 대자다

순서가 뭐에 필요하랴
하늘에도 땅에도
함께 있으면 좋은 것 아니랴

이런저런 분심에

나의 기도는 언제나
분심도 이해하시어 헤아려 주십시오 하면서
이렇게 맺는다

아이고 이게 무슨 기도야
아이고 제 잘난 맛에 사는 놈이
무슨 용서를 받고 자시고 할 게 뭐가 있어
그대로 잘난 맛으로 살지 그래

# 끝과 시작의 넋두리

시작과 끝은 반대라고 배웠지만 과연 이게 옳은 말일까 자신에게 물으면서 궤변을 늘어놓던 시절이 있었지요.

단순한 사건을 생각한다면 맞습니다만 우리가 살아가는 시간을 염두에 둔다면 이건 절대 아니라고 생각한 것이지요. 달력은 보면 주어진 자신의 시간이 또 이만큼 제게서 사라졌나 보다 느끼며 환호와 슬픔이 교차하곤 합니다. 어차피 인생은 태어나면서 죽음이라는 또 다른 시작을 위하여 달려가고 있습니다. 각자의 생명은 자신의 의지와는 상관없이 왔으며 죽음이라는 또 다른 세상에 갈 때도 자신의 의지와는 동떨어져 있습니다.

"시작도 내 것이 아니고 끝도 내 것이 아니라면 나 자신은 무엇인가?"라는 물음을 하루에도 셀 수 없이 반문하면서 결론은 역시 아무것도 없습니다. 전체적인 흐름은 이승이라는 테두리 안에서 자신이 느끼지 못하는 순간에 마무리되어 체념이라는 극히 불안정한 상태로 이끌어질 수도 있기에 불안하고 초조하고 무엇보다 서글픈 것은 동행할 사람이 아무도 없다는 것이지요. 동행하는 게 있다면 이것은 각자가 누렸던 삶만이 자신 앞에 놓여 있다는 것이지요. 그리고 그 순간 너무나 짧은 시간을 가진 생명을 불쌍하게 생각하게 되겠지요.

(중 략)

이제 저 자신이 결론을 내려야할 만큼 긴 이야기를 하였습니다.

시작은 나라는 자신이 준비한 것이 아닙니다. 시작의 끝. 역시 우리가 준비한 것이 아닙니다. 다만 끝을 위한 준비는 나라는 자신만이 할 수 있다는 것이죠. 성현이 맞이하는 그 순간들과 주변에 편안한 모습으로 죽음이라는 새로운 세계의 시작을 맞이하는 사람들을 볼 수 있습니다. 우리는 그러한 분들이 살아온 생애를 기억할 필요가 있습니다.

두려움 없이 왔으니 두려움 없이 우리는 그 시간을 맞이할 준비를 게을리 하지 맙시다.

* 1992년 8월 12일 낙서장 중에서

# 어린 아들의 기도

엄마가 아들에 들려준 기도
예수님 우리 아빠 도와주세요

세 돌하고 4개월 지난 아들
예수님 울 아빠 빨리 도와주세요

아내가 웃으며 들려준 오늘 이야기

이놈 평소엔 지독히 말 안 듣는 놈이다.
이렇게 해라
이렇게 하지마라
가끔 몸도 마음도 녹초를 만드는 놈이
온종일 곁에 없는 아빠와 무척 놀고 싶었나 보다

저도 기도합니다.
예수님
제 아들 소원 빨리 들어주십시오

* 2013년 1월 23일 밤에 아내가 들려준 재미난 이야기 하나

## 이 정 희

월간 <시사문단> 등단

한국시사랑문인협회 회원

부산문인협회 회원

# 엄니의 시간 외 3편

이 정 희

보릿고개 잊으시고
당신의 나이까지 잊으시고,

조기 드시고 싶다고
짜지 않게 삼삼하게 실컷 먹어 보았으면 좋겠다시더니
녹슨 관절과 함께 말라가는 시간을
거꾸로 돌려 놓으셨네.

멀리 가버린 기억 하나 둘 더듬어
또다시 밥 짓고 빨래하고 밭에 나가고
메주 쑤어 된장 만들고

돌아선 시간은 야위어 가는데
눈망울은 점점 더 맑고 깊어지셨네.

언젠가 부스러져
바람으로 변해갈 마른꽃
우리 엄니

병실에 들어서는 나를 보시고
우리 엄니

배냇웃음 같은 미소를 띠시네

아기 같은 미소로
전생에 내 어머니 같은 미소로

# 54번째 여름

뜨거운 햇살 사이로 나비가 날아간다
뜨거움을 털어내는 듯한 저 날갯짓
어서 보내려니 세월이 따라가고
잡으려니 뜨거운 시간이다

저러다 증발해버리면
그래서 소나기로 내리면
나비 날개만큼의 시원함이 묻어날까

애타던 결핍의 시간 보내고도
그리움은 여전히 남아있어

사랑한다
우리가 불안했던 그때도
지금의 불안한 너의 날갯짓도
눈물 나도록 사랑한단 말이다

# 앵두

유년의 추억,
그 수채화 속의 정 고픈 설움
나, 사춘기도 되기 전 하늘나라로 가버린 내 어머니의 각혈 같은
유월의 돌발 레드

# 목련꽃 지고

찬란하던 시절은 갔을까

숭고한 사랑이라 믿었던 그대는
미열처럼 끓어 오르던 열기가 사라진 후
평범한 일상으로 돌아와
더는 나에게 빛이 되지 않는다

평범함과 편안함은 동한다
작은 파장에도 흔들리던 여리디 여린 시간과 시간
새하얀 꽃잎 지고 난 푸른잎 사이,
햇살로 내려 앉아 반짝인다
평범함의 너그러움을 꽃이 진 후에야
비로소 깨달았으니
이제 우리 푸른 풍경이 될 수 있을까

## 천 향 미

2007년 계간 <서시> 등단
2011년 한국문학방송 신춘문예 당선
부산시울림시낭송회 회원
부산작가회의 회원
(사)부산시인협회 사무국장
시집 『바다빛에 물들기』

# 하이힐 외 2편

천 향 미

세상의 무게를 가지런히 내려두고
맨발로 수평선과 나란히 서 본 적 있었네
물집 잡힌 하루 저녁놀처럼 붉고
티눈 박힌 발바닥이 화끈거렸네
히말라야시다처럼 키를 키우고 싶었던 젊은 날
용수철로 튀어 올랐네
신발굽의 높이만큼 발걸음이 무거웠네
왼쪽으로만 기울어지는 습성
기우뚱하게 닳았네
허공의 높이에 올라보면 알게 되네
두려움이 먼저 추락하게 된다는 것을
저린 다리를 포개고 앉아 흥얼거리는
발목 접힌 청춘
미니스커트 자락 아슬하게 출렁거렸네
골짜기를 지나
히말라야산맥을 올랐네
나, 죽음의 높이에 도전장을 낼 생각이네

# 너덜겅

노을을 휘저어 등짐 진 사내는
액정이 산산 조각난 손전화를 어루만지고 있다
격정이 지나 간 자리 일어선 실핏줄은
마지막으로 뜨겁게 몸을 끌어안는다

먼 기억 고스란히 간직한 능선을 쓰다듬는 동안
외뿔소 한 마리 공중으로 방생된다
구름의 네거리를 서성거리는 눈 먼 계절이
가파른 산맥이 그려놓은 우회로에서 더듬이를 잃는다

과녁을 통과한 회오리가 몸의 중심을 흔들어 놓는다
벼랑으로 쓸려가는 뒷걸음에 제동을 걸면
제 몸의 그늘을 불러내 울음을 덮는 자귀꽃
풀어진 사지를 수습한다

헛디딘 무릎 외진 기슭에 올려놓고 숨을 고를 때
깊은 산사의 저녁 종소리 발목을 잡아끈다
절름거리며 어둠의 발원을 찾아가는 길목에
달빛이 부려놓은 돌무더기 밤새 덜컹거린다

# 수렵도

누가 몸짓을 담보로 목청을 벤다 짐승의 맞물린 어금니 사이로 지나가는 인간들을 본다 적막을 가득 베어 문 아가리를 들추는 무사의 칼끝이 좌판을 분주하게 오가는 발굽소리를 불러 모은다 저마다 피를 흥정하는 그곳에 가지런한 살점, 여전사의 현란한 활시위에 비린내가 바다로 뛰어든다 투망 후려치듯 죽음을 호령하는 갑옷 입은 여자 비명 한 자루를 번쩍 들었다 내리친다 생선비늘 흩어지고 으스러진 뼛조각이 잃어버린 성대의 바코드를 새기는 동안 바닥만 전전하던 남루한 하루가 퇴적층으로 쌓인다

수세기에 걸쳐 화석이 된 벙어리 여자를 읽어낸 지질학자는 없다 아무리 해독하려고해도 저 다문 입술을 증명해 보일 수는 더욱 없다

## 최 해 춘

1957년 경북 경주 출생
2006년 계간 <서정시학> 신인상
한국문인협회 회원
시사랑문화인협의회 회원
한국시사랑문인협회 회원
시집 『행복의 초가를 짓고 살아요』
『허공에 난 길』
『살다가, 문득』

# 짧고도 긴 이야기 외 4편

최 해 춘

무덤 한 채 짓는 시간을 가늠해 보기로 하였다
잔디의 실핏줄이
메마른 산 흙에 뿌리내리고 곁에서
땅속 말을 전해줄 나무들
꽃 피워 올릴 때까지 무작정 기다려 보기로 했다
땅속으로 스며드는 구름 그림자
흙의 가슴 어루만질 때
동그랗게 굴러온 바람의 웅얼거림은 모두
봉분의 일부가 되고 있었다
따스한 볕 한 줌은 그늘을 피해 하늘이 잘 보이는 자리마다
멍석을 펴고 있다
이제
봉분 하나 솟아오르게 될 것이다
무덤과 나의 거리를 내 그림자가 심각하게 재고 있다
선 채로 재는 거리에는
손닿지 않는데
누워서 재는 거리는 무척 가깝다
무덤 한 채 짓는 시간과
무덤에 이르는 거리는 무척 짧고도 긴 이야기 같다

# 버드나무 숲길의 넙치 떼

강둑길 따라 버드나무 한가로운 숲길에 들다
이파리 하나마다
강물에 담긴 이야기 한 줄씩 반짝거린다
물은 땅속 길 찾아 줄기 타고 가지를 지나며
샛강의 기억 퇴색시키고
걸음 멈춘 이파리에서 발원의 진심 되새기고 있다
수심 깊은 바다 속 넙치의 허연 뱃가죽에서
강물의 지난한 여정을 읽듯
뒤집어지는 이파리들 춤사위에서
첫걸음 떼던 강물의 하얀 발바닥을 본다
멀리서 걸어온 자의 가슴엔
언제나 숱한 바람의 상처 남아 있지만
흔들리며 살아온 마음
절정에 이르면 춤사위로 흔들릴 줄도 아는 가 보다
버드나무 줄기가 강물의 마지막 춤사위를 위해
물관을 연다
수심 깊은 바다가 된 버드나무 숲길에
뱃가죽 허연 넙치 떼 와르르 와르르 몰려다닌다

# 합죽한 입

길을 입에 물고 걸어가는 할머니 굽은 등을
유모차가 받쳐주고 있다
걸어온 길 아주 먼 듯 유모차 바퀴가 헐렁하다
유모차 요람에는
할머니의 합죽한 입이 담겨있다
틀니를 끼우면 바퀴가 더 잘 굴러가련만
차도와 인도의 경계에서
헐렁한 바퀴가 가로누워 갈 길을 거부한다
물고 있던 길 잠시 내려놓고
경계석에 주저앉아 뭉게구름 뱉어내는 할머니
무릎 관절 삐걱거리는 신음에
삶의 경계마저 머쓱해질 때
주름진 얼굴에 버섯꽃 하나 고요히 피어오른다
침침한 눈으로 더듬는 하늘가
붉은 노을 길이 꽃길처럼 화사하다
이제 흙 묻은 먼지 길 뱉어버리고 화사한 꽃길 따라
허리 펴고 싶은 할머니
유모차 요람에서 합죽한 입을 꺼낸다

# 쓸쓸한 초대

거울을 물끄러미 바라보던 할머니
하루 종일 닫아걸었던 입의 빗장을 풀며

-거기서 뭐 하능기요, 퍼뜩 이리 나오소, 내캉 이바구 좀 하고 놀다 가이소. 예,-

애걸복걸 손님을 청한다

거울 속 할머니도 사람이 그리웠는지
똑같은 입 오물거리며
한 치의 시차도 없이 대꾸하는 적막한 대화

# 물속

물속이라는 자리, 참 상큼한 공동체이다
따사로운 햇살 등에 업고 제 그림자 쫓아가는 피라미 떼의 하얀 배때기,
고요한 숨결까지 훤히 드러내 보이는 바닥에는
모래알 구르는 소리,
물풀들 하얀 종아리가 저희끼리 살 부비며 수런거릴 때
낭창낭창 엿듣는 물잠자리 몸짓까지.

푸른 하늘을 품고 사는
한낮의 물빛은
참 상큼한 낯빛이다, 물방개 같은 내가 닿을 수 없는 민얼굴이다

# 하 영 순

경남 진주 태생
시마을작가회 회원

# 내 고향 칠월은 외 4편

하 영 순

푹푹 찌는 무더운 한여름 논바닥에서 풍기는 물 냄새에
나락 포기 살찌고
칠월의 들판엔 황새가 징검징검
긴 부리로 먹이 낚시질하던 평화로운 마을
학교에서 집으로 오가던
들판 오솔길
어쩌다 가물어 논바닥 물이 줄어들면
송사리는 물 따라 오글오글 모여 논매기하고
농부가 논매는 기계로 골을 파면
나락 뿌리 잘려 잔뿌리 내리면서 살찌는 나락
바람 불면 푸른 들판이
한 결로 쓰러졌다 일어나는 자연의 풍경이 경이로웠다

집에 돌아오면
날 기다리는 외양간 누렁이
소년은 책 보따리는 마루에 던져놓고
소고삐를 잡고 소 먹이러 산으로
잡고 간 고삐를 소목에 걸어 묶어주면 소는 좋아라
풀 먹으려고 평화스러운 산으로
휴가도 모르고 바캉스는 몰라도
개울을 찾아 가재 잡기 물놀이가 즐거웠다

어둠살이 개울을 찾아 내릴 때쯤이면
소는 양 배를 빵빵 채워 신기하게도 제자리로
푸름이 하늘을 날던 내 고향 칠월
꿈이 익어가고
오곡이 익어가고 있었다
그립다
돌아갈 수 있으면 돌아가고 싶다
그때 그 시절 내 고향 칠월로!

# 당신의 눈빛

만약
당신이 아름다운 입술을 가지고 싶으시면
부드럽고 친절한 말을 하세요.

아름다운 눈을 가지고 싶으시면
다른 사람의 좋은 점만 보시고
긍정적으로만 보세요.

아름답고 날씬한 몸매를 가지고 싶으시면
당신의 맛난 음식을
배고픈 이와 나누어 드십시오.

부드럽고 친절한 말 한마디
세상을
아름답고 풍요롭게 하는 묘한 향기가 풍겨납니다.
당신도 원하시지요.
아름답고 풍요로운 세상을

# 오월

겹겹이 포개진 카네이션
오월은
뜨겁고 푸르다

윗가지
아랫가지
거리마다 골목마다
활짝 핀

그 꽃
일 년 삼백육십오 일
시들지 않기를

# 사랑이 그리운 날

찔레꽃 피는 날이면
가슴 깊숙이 하얀 그리움이 피어난다
내가 그리워하는 것은 따뜻한 말 한마디보다
회초리의 따가운 맛
종아리에 핏줄을 그리던
사랑의 회초리

살아가면서
날카로운 회초리 그 회초리의 따가운 맛이
삶의 원동력이란 것을 알게 되고
인내를 알게 되고
역경을 이겨내는 힘이란 것을 알면서
그 사랑이 다시금 그립다

그 회초리의 맛이 있어
오늘이 있음을 알고
회초리의 따가움이 봄날의 햇살보다
더 따뜻한 사랑이란 것을 알았다

찔레꽃 하얗게 핀 언덕에 앉아
그때 그 사랑을 그리워한다
내 사랑은
따가운 회초리 맛 그 속에 있었으랴

# 그 품에 안기어

내가 탄 배는 돛대도 없고 삿대도 없이
빛살 따라 잘도 간다.
가다가 서산마루에 걸터앉아
사방을 돌아보니
산천이 아름답다

산까치 우짖는 소리
푸른 벌 솔밭엔 솔바람 소리
서녘 하늘 바라보니 신선이 따로 없다
세파에 찌든 때
상큼한 산바람에 씻어본다
언제나 산은 내게 큰 스승

욕심도 내려놓고
사랑도 내려놓고
청산에 살자 한다
참 좋다. 사랑이 넘치는 그 품에 안기어

## 한 시 종

부산문인협회, 시인협회 회원
한시문협 부울경 지부장
시집 『사랑, 그 몹쓸 병』

# 바보 같은 나는 외 4편

한 시 종

1.
향긋한 모과차에 이는 따스함만큼
당신 좋아져도 너무 좋아지니
그게 뒤따라올 아픔일 것 같아
눈 똑바로 마주하지 못합니다.

아직 다 벗겨 내지 못한 원죄로
내밀 수 있는 작은 사랑 감추고
감당치 못할 통증 홀로 싸안고는
바보 같이 히죽대며 웃습니다.

채워도 아프고 비워도 아프면
위한답시고 비우며 아파하고
잡아도 아프고 놓아도 아프면
마음과 달리 놓으며 아파합니다.

그리곤 마치 제자린 양
습관처럼 쾌쾌한 음지로 숨어들어
익숙해진 허무와 고독을 안고 살
나 자신이 너무 싫고 미워집니다.

2.
놓지 못한다고 아니면 안 된다고
당신 없이 힘들어 못 견딘다며
말 한번 시원하게 뱉지 못하고
허허롭게 멀리 두고 아려합니다.

발 딛고는 다가설 수 없고
훠이 날아다닐 수도 없으니
미루나무 맨 끝에 심장 높이 달아
바람 불면 그 결에 흔들리려 합니다.
흔들리며 어설피 스치려 합니다.

하늘에 올랐습니다.
아니 하늘이 내렸습니다.
새가 울었습니다.
아니 내가 울었습니다.

그러니 바보 같은 나는
아파도 훨씬 더 아프고
흔들려도 더 많이 흔들리고
울어도 한참을 더 울어야
바보란 소릴 면하려나 봅니다.

# 운해(雲海)

다도해처럼 산은 섬이 되고
하얀 바다는 울렁거린다.

산자락 떨어져 나간 운무는
가끔 하늘로 용출하고
제 놀음에 신이 난 새는
자맥질 치며 날아간다.

시간이 흐르면
일그러질 망망함.

나는 그대에게 가기 위한
선표를 지그시 움켜쥐고
운해로 올 배편을
초조히 기다리고 있다.

# 고운 이별

이제 와 새삼 얘기하건대
당신 편히 보자 말씀하신 것에
나 그러하겠노라 드렸던 대답
사실 거짓이었습니다.

내 감정 숨기며 웃었지만
씁쓸한 웃음은
진한 슬픔의 산물인 것을
당신도 잘 알고 계시겠지요.

이별의 의미를
그리 에둘러 말씀하시니
행여 내 마음 상하지 말라는
고마운 뜻으로 받겠습니다.

아주 무심하지는 못할 겁니다.
당신 먼발치에서 몸 숨겨가며
얼마나 오랜 기간 그대 그리워
서성댈지 모르기 때문입니다.

# 주는 나의 편

- 술을 마시다보니 안주로 나와 먹다 버려져 갈가리 찢겨진 게의 껍질들이 나보다 취했는지 내 얼굴보다 더 붉게 물들어 좌우로 기어 다니고, 화장실의 소변기가 살아 움직이며 내갈기는 오줌발을 피해 이리저리 도망 다니는 모양이 오물이 싫은 것은 사람이나 사물이나 똑 같다는 생각이 들어 피식 웃다가 거리로 나서니 세차게 땅바닥이 나의 얼굴을 후려치고 빙글거리는 원심력을 이용해서 나를 이 땅에서 떠나보내려는 음흉한 음모들이 있다는 것을 늦게 서야 깨닫고 밀려드는 어지럼증 속에서도 땅에 부착된 무엇인가를 붙잡고 살아야한다고 바동거리고 있었다 -

술을 마셨기에
이러한 공포를 이겨낼 수 있었다.

다른 사람들은 내가 겪은 일들에 대하여
어떻게 생각할지 궁금했다.

남들에게 말하고 싶어 입이 근질거렸지만
은밀한 비밀로 혼자 숨겨 두었다.

그리고 술 취한 날만 골라

이런 이상한 일들이 벌어지는 것에 대하여
신께 감사드렸다.

왜냐하면 맨정신으로는 그런 일들을
도저히 감당할 수 없을 것 같기 때문이다.

**술 주 자 酒든 하늘에 계신 主든**
**언제나 주는 나의 편.**

# 비로 오실 그대

흐린 공간 사선으로 가르며
창유리 너머 비 내리는데
저 건너 빨간 천막 노천카페
홀로 등 돌려 앉은 사람이
혹여 당신 아니신가요.

이렇듯 비 오는 날
개켜둔 마른 가슴 내어놓으면
스미어 젖듯 촉촉이 오시리라고
빗속에서 제게 주신 약속
잊고 계신 건 아니신지요.

사랑도 몇 번이나 스쳤을 세월
힘겹고 지겹게도 그리웠으니
신호등 점멸하는 도로 위
고인 물 날리며 달리는 차편으로
그대 멈춰 오시면 좋겠습니다.

나는 여기 있고 그대 먼 데
모진 살바람에 추워 방황하다
살점 깎여 아프게 내리더라도
끝없이 흘린 눈물 접을 수 있게
이 비로 오시면 좋겠습니다.

# 수필 隨筆

## 배 종 대

<부산시인> 등단
한국시사랑문인협회 회장
윤동주선양회 부회장
부산시인협회 이사
시집 『홀로 있는 시간』
서간집 『반용산의 새벽편지』

추모글

# 운경雲耕 김선옥 선생님을 추억하며

배 종 대

운경雲耕 김선옥 선생님이 우리 곁을 떠나신 지도 벌써 1년하고도 6개월이 넘었다. 선생님께서는 한국시사랑문인협회와 회원들에 대한 남다른 애정은 말하지 않아도 함께 한 회원들이라면 너무나 잘 알 것이다.

선생님께서 떠나신지 벌써 1년이란 세월이 흘렀지만 묘소가 어디에 있는지 알 수가 없어 선생님을 아는 몇 몇 문인들은 늘 마음에 빚을 지고 있었다. 선생님을 존경한다는 사람들이 묘소가 어디에 있는지조차 모른단 말인가, 후배 된 자들로 어떤 변명도 선생님과 유족에 대한 도리가 아니고 면목이 없었다. 평소 가깝게 지내던 몇몇 지인들이 묘소라도 찾아 술 한 잔 올리는 게 도리 아니겠느냐고 의견을 모았다.

그런데 막상 날짜를 잡고 보니 묘소가 어디에 있는지 아는 사람이 없었다. 유족에게 전화로 알아보니 경북 상주군 화동면 선산 '터골'에 모셨다고 하는데 참으로 난감한 노릇이었다. 지번이라도 정확하게 알면 좋으련만…….

다시 유족에게 전화를 걸어 혹 고향에 일가친척이나 묘소를 아는 분이 없겠냐고 물으니 면사무소 인근에서 양조장 하던 이두희 씨를 찾으란다, 연락처도 모르고 114에 전화를 걸어 몇 군데 물어도 모른다는 것이다. 몇 십 년 전에 양조장을 했던 사람들은 이제 고인이 되어 버렸을 거고 또한 폐업을 했을 수도 있다. 어렵게 수소문하여 화동면 낙서리에 있는 <낙서 양조장>이 있었다는 것을 알아내고 전화를 했다.

따르릉…….

"낙서 양조장이죠, 이두희 씨 댁인가요?"

"양조장은 양조장인데 지금은 하질 않아요. 우리는 양조장 한 사실도 없고, 저와 먼 친척 아저씨 되시는 분이 전에 양조장을 하셨던 것 같습니다."

전화 받는 사람은 젊은 아낙이었다.

"미안 하지만 그분의 전화번호를 알 수가 있나요?"

"휴대폰은 모르고 554-533-0000번입니다" 하는 것이다.

고맙다는 인사를 하고 그 집에 전화를 걸었다. 전화 연결이 몇 번 해도 되질 않는다.

저녁이 되어서야 나이가 제법 되어 보이는 분이 전화를 받았다.

"여보세요? 낙서양조장이죠?"

"누굴 찾아요? 누구시오?"

"아, 저는 부산에 있는 사람인데요. 선생님이 이두희 씨 댁인가요?"

"저는 이두희가 아닙니다. 그리고 양조장 했던 사람도 아니고요."

전화가 달그락 끊겨 버린다. 누구한테 물어볼 수도 없고 양조장 했던 '이두희'라는 사람을 어떻게 찾아야 할지

참으로 난감했다. 약 50년도 넘었으니 아마 잘 모를 수도 '있을 것이다. 그래도 미련을 못 버려 또 전화를 했다.

따르릉…….

"거 누구요?"

"아, 선생님 미안합니다. 조금 전에 전화를 했던 사람입니다. 선생님 너무 오래 되어서 그런지 몰라도 잘 한번 생각해보세요. 양조장 하시던 연세 많은 분 말예요. 그리고 혹여 그곳에서 판사하셨던 김선옥 선생님을 아시는지요?"

시골마을의 특성상 판검사가 면단위나 군에서 한사람 나오면 거의 다 알고 있을 거라는 생각에서이다.

"가만있자……. 양조장. 아, 생각이 나요. 예전에 저의 당숙 되시는 분이 양조장을 했어요. 아마 그 당숙이 이두희 씨인가 봅니다. 그리고 김선옥 판사 알아요. 우리 집 옆에서 그리 멀리 떨어지지 않은 곳인데 '터골'이라는 곳에 묘가 있어요."

"그러면 선생님 행여나 그 묘지가 있는 곳을 알고 계신가요? 한번 찾아가 보려고 합니다만."

"아이고 이 더운데 선상들이 어떻게 알고 찾아올라고 그래요 나는 알고 있지만 선상들이 오면 어디 산에 묘지 찾는 것이 서울 김 서방 찾는 거보다 더 어렵지요 거참."

그제서 한숨 돌렸다. 그분의 전화번호를 메모하고 약속을 잡았다.

묘소를 찾아가는 날, 목적지는 경북 상주시 화동 면사무소로 정하고 각자 부산에서, 포항에서, 대구에서, 문경에서, 진주에서 출발을 해서 약속시간에 만나기로 했다. 부산에서는 필자, 이정희, 천향미, 김계선, 포항에서 최해춘,

임명순, 문경에서 김종호, 대구의 하영순, 진주에서 류준렬, 박우담 선생님이 합류했다. 서로 반가움에 손을 잡고 미리 약속한 그분께 전화를 걸어서 안내를 받아 어렵지 않게 운경 선생님의 묘소를 찾을 수 있었다. 날씨가 무척 더웠고 뙤약볕에서 아저씨는 싫다는 내색 한번 하지 않으시고 앞장을 서서 성큼 성큼 산길을 안내해주셨다. 지면을 빌어 다시 한 번 고마움을 전한다.

운경 선생님 묘소에 도착한 일행은 만감이 교차하는 표정으로 선생님 앞에 섰다. 오석(烏石)으로 된 비석에는 "장로 청도 김선옥의 묘"라고 적혀 있었다. "시인 김선옥" 이라고 적었더라면 좋았겠다는 생각이 들기도 했다. 묘소는 가족묘지로 운경 선생님과 항렬자가 같으신 분의 묘지 사람은 죽으면 어디로 가는가, 운경 선생님은 우리 곁을 떠나시어 이곳에 홀로 누워 계시는가, 인생은 무엇인가, 온갖 생각이 머리를 스친다. 묏자리는 그리 가파르지 않은 곳인데 뒤쪽으로는 약간의 솔밭이 드리워져 있고 앞으로는 남향과 낙서리 들판 앞쪽에 작은 동산이 있어 풍수 지리학적으로도 좋은 곳이라 여겨졌다. 다를 지나간 옛 추억을 떠올리며 선생님을 추억하느라 눈가가 먼저 젖어왔다. 가지고 간 음식을 묘소 진설하고 선생님에 대한 제를 올렸다. 다들 무거운 침묵이 묘소 주위에 내려앉는 것을 선생님께서는 아시는지 모르는지 말씀 한 마디 없으시고 류준렬 선생님께서 독축을 할 때는 왜 그리 슬프게 들려오는지…….

선생님과의 정이 각별했던지 포항의 최해춘 시인은 그곳 묘지 앞에 주저앉아 회포를 풀어놓았다.

"형님 내가 왔소. 왜 그리 바삐 가시오."

투정부리듯 담배 한 개비 피워 올리며 슬픔을 가누지 못했다. 건너편 두견새가 함께 울어주고 있었다.

떨어지지 않은 발걸음을 옮겨 상주 '공갈못'으로 잘 알려진 '공검지'에 들러 선생님께서 술자리에서 흥얼거리셨던 '상주 모심기 노래'를 함께 흥얼거려 보며, 공갈못을 배경으로 기념사진을 찍었다.

문경 시내로 이동해서 김종호 시인 부부의 대접으로 늦은 점심을 먹고 나니 시간은 5시를 넘고 있었다. 운경 선생님께서는 가셨지만 함께했던 우리 후배들의 가슴 속에는 늘 해맑은 모습으로 함께 하실 거라는 것을 믿어 의심치 않는다. 일정을 함께 해주신 류준렬 작가님, 하영순 시인, 최해춘 시인, 천향미 시인, 김계선 시인, 이정희 시인, 박우담 시인, 임명순 시인, 김종호 시인님과 사모님께 고마움을 전합니다.

## 류 준 열

수필가
한국문인협회, 한국펜클럽. 한국문학작가연합.
한국시사랑문인협회, 한국스토리문인협회 회원
현재 경남 마천중학교 교장
수필집 『무명그림자』(2003, 2007. 2012)

## 관(觀) · 176 외 1편

- 연밥 따던 처자

**류 준 열**

해외 여행길에서 비보 접하고, 푸른 하늘 아래 펼쳐진 드넓은 광장 내딛는 발걸음 팍팍해지며, 갑갑한 가슴 한가운데 슬픔 한 줄기 솟아오르다.

홀로 남아 중산리 귀천 시비 매만지며 망부가 부르던 부인도 낭군 따라 이 세상 소풍 끝내고, 번민과 아쉬움 내려놓고 하늘로 돌아간 게다.

삶과 죽음은 둘이 아니고 항시 붙어 다닌다고 하지만, 이렇게 얼굴 한번 뵈어 주지 않고 허망하게 훨훨 귀천할 줄이야. 중산리 귀천 시비 앞에서 환하게 짓던 미소 둥실 한 달덩이 같이 떠오르는데 경북 상주고을 연못에서 연밥 따던 처자여![4]

세상 물정 모르고 피폐한 몸으로 오직 시혼(詩魂) 하나로 살아가는 낭군 곁에서, 매서운 세사의 바람 앞에도 향기 날리는 연꽃이었어라.

부스러질지 모르는 낭군의 여린 영혼 포근하게 감싸주며, 낭군의 소풍 길 인도하고 존중해준 영원한 반려자이었어라.

---

4) 연밥 따던 처자 ; 목순옥 여사는 경북 상주 출신이기에 상주 모심기노래에서 따옴

「귀천」 시 남기고 하늘로 돌아간 낭군 위해 동편하늘 달 뜰 때부터 서편하늘 기울 때까지 밤하늘 우러르며 함초롬히 피는 한 송이 달맞이꽃이었어라.

이 세상 소풍 끝내고 이제 낭군 머무는 곳으로 귀천했지만, 저승에서나마 비익조(比翼鳥)되어 영롱하게 부서져 내리는 달빛 타고, 천왕봉 마주 보이는 중산리 귀천 시비 앞으로 낭군과 한 몸 되어 놀러오소서.

**• 천상병문학제와 목순옥 여사 일지**

· 2002년 봄 경남 산청군 시천면 중산리 '귀천' 시비 제막식 때 목순옥 여사를 처음 뵙다. 천상병문학제가 열릴 때면 중산리로 내려오심

· 2010. 08. 26. 목순옥 여사 서울 강북 삼성병원에서 별세함

· 2010. 08. 27. 대만 중정기념관에서 부산 송유천 시인 문자 메시지로 별세 소식을 들음

· 2010. 09. 10. 이 글을 쓰다.

## 관(觀) · 235

– 동백꽃

상주고을 연밥 따던 처자 안타깝게 귀천하더니, 고을 총각도 동백꽃잎 흩날리는 가운데 마지막 한 마디 나누지 못하고, 왔던 길 따라 세상의 무거운 옷 훌훌 벗어버리고 귀천의 길 떠나다니.

2002년[5] 처음 만난 날 술잔 들며, 수술 선배가 된다며 동병상련의 눈짓 주거니 받거니 하며, 대화에 취하고 문학에 취했던 순간 어제 같은데.

지리산 골짜기 중산리 귀천 시비 서는 날, 감격과 감탄의 흐뭇한 미소 짓던 날 어제 같은데.

천상병문학제 뒤풀이 자리에서 술이 거나해지면, 즐거운 분위기 연출하기 위해, 살아오면서 달았던 화려한 훈장 떼어버리고 상주고을 개구쟁이 되어, 탁자 아래로 위로 오르내리는 낭만주의자였는데.

천상병 문학제 행사 열릴 때마다 비용으로 골머리 앓을 때 든든한 종결자로 항상 옆에 서 있었는데.

긴 세월 재판정을 지켰던 판사의 근엄한 흔적도, 나이가 들었다는 어른의 점잔도, 벗어던져 버리고 시심에 젖고 시정에 눈물 흘리는 여리고 여린 아름다운 시인이었는데.

---

5) 2002년 5월 중산리에 천상병 시인 '귀천' 시비 제막식을 가짐

누구보다도 천상병 시인을 가슴으로 사랑한 시인이었는데 자신이 속한 문학단체를 바르게 이끌려고 무진 애를 쓰며, 마지막 보루로 남아 지켜주고 사랑했던 정답고 따스한 문인이었는데.

생전에 남긴 '동백꽃' 시 구절 동백꽃과 장례식장에서 본 하얀 국화 조화 뒤섞이며 운경 김선옥 시인의 천진하고 해맑은 웃음 떠오른다.

"동백꽃 닮은 네가 동백 꽃잎 함께 낙화되어 스러져 갔다니 피울음 나는 가슴에 참한 꽃씨 하나 심는다."6)

사별이 사별로 끝나지 않고 내 가슴에 참한 꽃씨를 심는다는 시인의 소망처럼, 참한 꽃씨 '운경시인'을 살아 있는 우리들 가슴에 심어 가꾸어 더욱 붉고 붉은 동백꽃 피어나야 하리.

어눌하면서도 카랑카랑한 목소리 문득문득 귓전에 맴도는데…….

* 2012. 3. 24. 운경 김선옥 시신이 안치된 부산의료원에 하정 강희근 교수와 문상함
* 2012. 04. 29. 이 글을 쓰다

6) 인용한 시 ; 운경 김선옥 시인의 「동백꽃 지는 날」 일부분

## 이 정 희

월간 <시사문단> 등단

한국시사랑문인협회 회원

부산문인협회 회원

# C에게

이 정 희

나와 동갑인데 생일이 11개월이나 늦은 사촌 동생과 시댁을 다녀오는 날이었어.

내가 언니라고 하지만 사촌의 입에서 언니라고 부르는 것을 들은 적이 없는데 내 남편에게는 스스럼없이 형부라고 부르는 것을 보면 그래도 언니라고 인정은 한 것 같아.

뭐 아무려면 어때 내가 사촌에게, 사촌이 나에게 형제 같은 친밀감을 가지고 있다는 것이 중요하지.

사촌과 나는 아기 때부터 같은 동네에서 거의 매일 보고 살았고 함께 어렵게 성장했고, 성인이 되어서도 친구처럼 지내는 사이이니 서로가 무슨 생각을 하고 사는지 눈에 보일 정도로 가까운 사이야.

그러니 다른 사람과는 안 되는 것들을 많이 공유하고 있는 편이지.

그녀의 약간 절름거리는 장애는 묘하게 사람을 편하게 해줘.

불완전의 편안함이랄까.

그녀의 불완전 신체장애는 내가 가진 열등의식을 대등의식으로 바꾸어주거든.

그런 데다 사촌이라는 핏줄에 엮어 있으니 그녀가 가진 신체의 열등의식이나 내가 가진 못난 성격장애를 서로가 잘 이해를 하고 있기도 해.

시댁이 경남 고성이라 왕복 4시간의 거리가 만만치 않아 종종 같이 가곤 하는데, 오는 길에 진동을 지나면 칼국수를 파는 식당에 들러 두 국수쟁이가 느긋하고 맛있게 늦은 점식을 해결하기도 하지.

그날은 들깨칼국수를 먹었는데 칼국수보다 들깨가루의 고소함을 남기지 못해 들깨국물을 배가 부른데도 자꾸 먹게 되더라.

나오면서 식당에 공짜로 비치해놓은 자판기 커피도 한 잔씩 했지.

배가 부른 상태에서 운전하려니 여간 고단한 게 아니었어.

졸음도 쫓을 겸해서 부산과 마산의 중간지점인 휴게소에 들러 커피를 마시며 잠시 쉬어가기로 하고 커피 판매하는 곳에 들러 메뉴를 주욱 내려다보는데 커피의 종류들이 참 많다 생각했지.

맛도 잘 모르는 커피들이 차례대로 쓰여 있더군.

배가 적당히 불렀으면 그냥 먹고 싶은 커피를 주문했을 거야.

그런데 배가 너무 부르다 보니 커피를 맛있게 먹겠다는 생각보다 소화도 시킬 겸 휴식도 하고, 그러자면 평소에 먹어보지 못한 새로운 것을 먹어 보아야겠다는 충동이 생기더라.

가령 책이나 드라마에서 이름만 들어보았던 에스프레소 같은.

사촌은 원두커피를 좋아하는데 배가 부르니 뭐든 한 잔만 시켜 같이 먹자고하더군.

나는 갑자기 떠올린 에스프레소라는 커피를 잘 아는 것처럼 먹고 싶다고 말하고 커피 판매대에 가서 말만 들어 보았던 그 에스프레소라는 것을 시켰어.

에스프레소……. 풋~ ^^ 이름이 그럴듯하지 않아?

어쩐지, 실연을 당했을 때 폼을 잔뜩 잡고 마셔도 될 것 같은 이름 같잖아.

커피를 받고는 이게 아닌데 싶더라.

커피의 양이 병아리눈물 만큼이었거든.

빈 컵을 하나 더 구해서 두 사람이 먹도록 반씩 나누어 맛을 약간 보았지.

그런데 맛을 보는 순간 입안에서 악, 소리가 나게 커피 맛이 완전히 쓴맛이었어.

새까만 숯을 갈아 만든 것 같은 쓰디쓴 깡쓴맛,

도대체 이걸 어떻게 마시라고.

갑자기 사촌의 얼굴을 보았지.

그런데 사촌은 에스프레소의 커피맛을 알고 있었다는 눈치였어.

하긴 사촌은 지방의 도로에 분위기가 좋다 하는 커피카페 웬만한 곳은 거의 알고 있거든.

그러니까 사촌은 내가 제멋에 겨워 이름만 멋진 깡쓴맛의 커피를 시키려고 했을 때 자판기 커피를 맛있다고 즐겨 먹는 나를 그냥 두고 본 것은 말보다 경험을 해보라고 가만히 있었을 거야.

사촌의 반응에 내가 나에게 속으로 그랬지.

"이런 제길슨……. 정말 실연의 맛이군."

어쨌든 우리는 처음 먹어 보는 쓰디쓴 커피를 도저히

그냥은 먹을 수가 없었고 반씩 나눈 커피잔에 물을 찰랑거릴 정도로 부어서 먹었어.

오랫동안 남편을 도와 가게를 운영하느라 남들처럼 맛있게 원두커피 내려먹는 방법도 모르고 흔한 카푸치노 맛도 익히지 못했지만 가게 앞에 비치해놓은 자판기 커피에 익숙해 있는 난, 지금도 자판기 커피가 좋아.

은근하고 달콤해서 사랑스럽지 않아?

## 송 유 천

2004년 한국시사랑문인협회로 등단, 현 회원

한국시사랑문인협회 부산지부장 역임

한국시사랑문입협회 고문 역임

지리산 천상병시문학제 추진위원 역임

# 가장 잊고 싶은 기억을 주신 박○○ 선생님께

송 유 천

32년이 지난 지금, 선생님은 제게서 기억되는 모든 분 중에서 가장 싫어하는 분이십니다. 당신께서는 열과 성을 다하여 제자들을 키우셨다고 할지는 모르겠습니다만 저와 몇 년 전 고인이 되신 저의 어머님께 고마움은커녕 정말 뼈아픈 상처를 남겨주신 분이십니다. 까마득한 옛이야기를 되살리는 지금도 소름이 끼치는 기억을 그 어린 가슴에 새겨주었습니다. 저의 어머님은 돌아가시는 그 날까지 그 기억을 되살렸지요. 아마 선생님은 이러한 상처를 제게 주었던 어떠한 기억도 가지고 계시지 않을 것입니다.

왜 까마득하게 잊혀야 할 기억들을 지금 제 손으로 되살리려 할까요? 그 이유는 간단합니다. 지금도 그 아픈 기억으로 말미암아 저는 많은 사람을 이해하려는 노력과 함께 당신과 같은 사람이 되지 않으려고 발버둥 치고 있으니까요. 그래야만 그 엄청난 아픔을 가진 그야말로 소설 같은 이야기의 주인공이 당신과 제가 아니었다는 것을 증명할 수 있다고 믿기 때문이지요. 이런 제 모습을 갖게 해주신 일면을 본다면 분명 당신은 과히 나쁘지 않았던 스승이었습니다. 그러나 지금도 가능하다면 당신을 스승이라 부르는 것을 삼가고 싶습니다. 그러기에 다른 많은 호칭으로 불러보았습니다만 별로 좋은 호칭이 떠오르지 않아 마지못해 가끔은 세상의 가장 훌륭한 이름인 선생님으로 칭하고 있다는 걸 옛날이야기를 시작하기 전에 미리 당신에게 말씀을 드려둡니다.

1974년, 당시 고교 1학년이었던 저는 지금도 그렇지만 무척 작은 키였지요. 당시 저의 키는 145cm, 몇몇 아주 작은 급우들끼리 늘 '도토리 키 재기'하던 시절이었답니다. 입학 후 얼마 되지 않아 자퇴하려고 하였지만 가난한 집안 사정으로 인문계로 전환하려던 나의 희망은 그대로 주저앉고 말았기에 그에 대한 보상으로 엄청난 집중력을 발휘하기 시작할 때가 선생님과 저의 악연이 있었던 그 해의 여름방학이었습니다. 돌이켜보면 어린 나이였음에도 진로를 위한 몸부림이 상당하였던 것으로 기억됩니다. 특히 1학년 2학기 시작 전 여름방학 동안의 실습기간 - 특활이라고 불렀음. 전공학과의 기초실습에 대한 교육이 이루어짐-에 제게 나타난 거짓말 같은 기현상으로 저를 지도하시던 많은 전공담당 선생님들께서 놀라셨지요. 8시간 과제를 4시간 내외로 대단히 빠르게 마무리하였고 남은 시간은 비교적 자유스러웠으니까요. 1학기 땐 기초실습시간이 싫어 해운대 바다만 쳐다보면서 어떻게 하면 이 학교를 벗어날까 궁리만 하던 제가 여름 방학 전 선택한 과로 진급하게 되었을 때 어차피 주어진 것 열심히 하리라 마음먹었던 것도 있었지만, 그 이면에 앞서 말씀 드린 바와 같이 주어진 과제를 끝내고 나면 그다음 시간은 엄청난 자유를 누릴 수 있었으니까요. 사실 저는 선택한 과로 진급하지 못할 뻔하였지만, 간신히 턱걸이 하게 된 것은 1

학년 1학기 담임선생님의 도움이 계셨기에 가능하였답니다. 200점 만점인 실습점수가 '미'에 해당하는 130점 정도였기에 거의 만점에 가까운 이론 점수는 학과선택에 그다지 도움이 되지를 못하여 지원한 학과에서 탈락하었고 저는 담임선생님께 학교에 다니지 않겠다는 폭탄선언을 하였답니다. 덕분에 담임선생님께서 다른 학생 1명을 설득하여 다른 과로 보내고 저는 제가 원했던 과로 가게 되었습니다. 방학이 되기 직전 모두 새로운 반으로 편성되었고 새롭게 마음을 다질 수 있었습니다.

그러나 그 방학의 평탄한 모습은 잠시였습니다. 당시 선생님은 화학을 가르치시며 기숙사사감을 하고 계셨지요. 물론 기숙사 원장선생님은 따로 계셨습니다만 어머님 같으신 그 선생님을 젖혀두고 당신이 왕이었지요. 당시의 거의 모든 학생이 그렇게 생각하고 있으니까 제 생각은 별로 틀리지 않을 것입니다. 당시 전교생을 수용할 수 있는 기숙사가 준비되지 않아 기초실습장의 교사실을 개조하여 방학 동안 학생들을 수용하고 있었던, 그곳이 제가 배당받은 숙소였습니다. 저의 어린 시절을 가혹하게 짓밟기 시작한 날, 그날은 1974년 8월 25일 일요일이었던 것으로 기억합니다.

그날 아침 기숙사 본동과 떨어진 임시기숙사에서 외출허가를 받기 위해 사감실로 갔습니다. 그러나 아무도 없었습니다. 시골인 집으로 가기 위하여 저는 기차를 타야 했었지요. 기다리다 이대로라면 기차를 탈 수 없다는 생각에 상급생인 기숙사 중대장의 허락이라도 받아야 한다고 생각했습니다. 부산역에 겨우 닿을 수 있는 임박한 시간에 중대장을 만났고 학교 정문 앞 도로에서 가까스로 버스를 탈 수 있었습니다. 실습에 필요한 여러 가지 공구를 사기 위하여 집에 들르겠다는 편지를 어머님께 보낸 지 꼭 일주일 되는 날이었습니다. 저녁 점호시간 전에 도착할 수 있으려면 그 시간의 열차를 놓치면 불가능하였기에 부산역에 도착하였어도 허겁지겁 뛰어야 했습니다. 요행히 기차를 탔고 어머님께서 차려주신 점심을 아주 맛있게 먹고서 당시 거금인 8,900원을 받아서 학교로 돌아올 수 있었으며 어머님께서 친구들이랑 나눠 먹으라 하시며 챙겨주신 포도와 복숭아를 가지고 무사히 점호시간이 되기 전에 기숙사에 도착하였습니다. 그러나 몇몇 학생들의 눈치가 이상하였습니다. 어머님께서 싸 주신 과일 보따리를 미처 풀기도 전에 사감 선생인 당신은 저를 호출하였습니다. 그리고 무작정 저를 몽둥이로 내리쳤습니다. 제 인생에 있어 처음이었지요. 영문도 모르는 저는 그 이유를 알기 위해 애원도 하고 매달리기도 하며 펑펑 울었습니다. 그러자 당신은 어머님이 주신 제 돈 중에 5,000원을 뺏어 갔습니다. 당신께서 한 말씀은 이렇습니다. "돈을 훔쳐서 무단외출을 하였다"는 것과 "없어진 돈보다 더 많은 것을 보니 또 어디서 훔쳤느냐?"는 것이었지요. 날품을 팔아 주신 어머님을 생각하며 몽둥이에 맞은 아픔보다 더 아프게 펑펑 울었습니다.

당신으로 하여 도둑이 된 후 거의 매일 당신에게 또 선배들에게 맞았고 동기로부터는 따돌림 받는 아주 못된 놈이 되고 말았습니다. 방학이 끝나고 새로 담임을 받은 선생님으로부터도 거의 매일 불려가 야단을 맞았고 어떤 때는 또 매를 맞았습니다. 그렇게 한 달이 지나가면서 저는 세상의 모든 사람이 보기가 겁이 났습니다. 행여 나를 보고 '도둑이야'하고 외칠 것 같은 생각뿐이었습니다. 하루에 몇 번씩 매와 야단을 맞고 방과 후 기숙사에서 이불을 뒤집어쓰고도 온몸을 떨어야 하였고 그러면서 진짜 도둑이 잡혀주기를 바라야 했습니다. 외출금지와 함께 저의 모든 행동은 감시를 받는 것 같았고 그것을 확인하는 양 제가 집으로 보냈던 편지가 다시 도둑이라는 증거로 당신은 제게 내밀었습니다. 편지를 내보이며 당신은 제게 이렇게 말했습니다. "네 어머님께 편지를 보낸다고 해결될 일이 아니다. 정 네가 사실을 말하지 않으면 경찰서로 인계하겠다."고 하셨지요. 그 편지의 내용은 어머님께서 학교에 한 번 다녀가셨으면 한다는, 어머님이 보고 싶다는 내용이 전부였습니다. 정말 난감하였습니다. 저는 당신에게 말했습니다. "차라리 경찰서로 저를 보내십시오. 저는 학교가 싫습니다." 그러고 나서 저는 또 실컷 맞아야 했습니다. 저는 홀로 계신 어머님을 생각하며 한없이 울었습니다. 경찰서는 가지 않았습니다만 저는 계속 저 홀로의 세상으로 묻혀가고 있었습니다.

어느덧 10월의 초순이 되었습니다. 여전히 주위의 따가운 눈총을 의식하여야 하였으며 여전히 당신은 저녁이나 밤이 되면 저를 불렀고 여전히 저는 울어야 했습니다. 그러던 어느 날 비가 몹시도 내렸지요. 저녁을 먹은 후에도 여전히 하늘은 어둠을 뚫고 비를 내리고 있었던 날이었지요. 그날, 저는 저와 반대로 엄청나게 키가 큰 녀석인 정의영 -몇 년 전 고인이 됨-에게 돈을 꾸었습니다. 제 침

대와 마주 보고 있는 녀석이었고 같은 반이었던 그는 출신 중학교는 달랐지만 동향인 녀석으로 누워만 있었던 제게 당시 유일한 말벗이 되어준 친구였습니다. 돈의 용처는 묻지 않았지만 이상한 낌새를 느꼈던 그는 울먹이면서 매점까지 따라왔습니다. 일부러 빌린 돈 일부로 빵과 음료수를 사서 나누어 먹었습니다. 그리고서 기숙사 본동-현재 동관-으로 갔습니다. 같은 중학교를 나온 동기녀석을 찾아 다시 돈을 꾸었습니다. 조용히 취침 점호가 끝나기를 기다렸습니다, 제발 오늘 밤만큼은 당신이 저를 부르지 않기를 바라면서 말입니다. 점호는 끝났습니다. 이불을 뒤집어쓰고 편지를 썼습니다. 제 어머님께 드리는 마지막이 될 편지였습니다. 하염없는 눈물이었지만 이불 속을 벗어날 때는 아주 말짱하게 나왔습니다. 정의영, 그 친구가 나를 불러 세웠습니다. 어디 가느냐고 물었습니다. 빙그레 웃으며 바람 쐬고 온다고 말했습니다. 잠시 비를 맞으며 짧은 저만의 세상을 생각하였습니다. "어디로 가야 할까, 어디로 가야 하나?" 속으로 부르짖고 또 부르짖으며 검은 백사장을 하얗게 내리치는 파도를 바라보았습니다. 나의 울부짖음은 당연히 잠을 자야할 것 같았습니다. 천천히 걸음을 시작했습니다. 어느새 교문으로 향하고 있었습니다. 조금만 더 걸으면 이제 이 짓궂은 장소로부터 해방될 수 있다는 희열에 사로잡혔습니다. 오로지 한 분만을 빼고서 자랑스러운 웃음을 남길 수 있을 것 같았습니다.

갑자기 칠흑 같은 빗속의 길이 온통 환하게 빛났습니다. 저는 이유를 알려고 하지 않고 교문으로 뛰었습니다. 의영이와 몇몇이어서 외치는 저의 이름이 들렸습니다. 환한 빛

속에서 차마 더 달리지 못하고 주저앉을 수밖에 없는 단 하나의 목소리가 그 속에서 들려왔습니다. 저의 어머님이셨습니다.

박OO 선생님, 당신에게 이 정도만의 이야기를 떠올리게 하여도 당시의 상황을 충분하게 짐작하리라 생각합니다. 제가 들려드리는 이 편지의 이야기 속에서 당신은 조연이 아닌 주연이며 저 역시 이 이야기 속의 주인공인 것만은 틀림없는 사실일 것입니다. 그러나 저는 말하고 싶습니다. 이 이야기의 주연은 제 어머님이셨습니다. 소식 없는 막내가 궁금하여 나이 많으신 제 어머님께서 생전 처음으로 기차를 홀로 타시지 않으셨다면, 그 비 내리는 어둠에서 자식을 부르지 않으셨다면 이 이야기는 영원히 사라졌을 하나의 이야기에 불과하겠지요. 그로부터 자신 스스로 극복하여야 했던 어떤 아이의 처절함을, 얼마나 큰 고통인지도 모르는 아픔을 시간으로 다져야 했던 한 아이의 몸부림을 단 한 번이라도 상상하신 적이 있을까요? 당신이 가졌던 그릇된 제자 사랑이 한 인간이 성장하려는 것을 어떻게 막았는지에 대해 생각해 본 적이 계시나요? 제가 교복을 벗던 날까지도 당신은 누구에게도 사과하지 않았습니다.

그 당시 돈을 잃어버렸던 아이 홍 아무개를 가끔 만납니다. 그는 그로 인해, 당신으로 인해 제가 발버둥 친 세월에 대하여 알고 있지 못하였습니다. 당신 역시 그러하리라 생각합니다. 저는 당신으로 하여 타인을 판단하기에 앞서 나를 둘러보는 것이 습관화되었습니다. 좋은 당신의 가르침이었지요. 제가 당신을 마냥 당신이라고만 부르지 않고 가끔은 선생님이라 부를 수 있는 유일한 이유랍니다.

그러나 저는 제가 받았던 상처보다도 제 어머님께서 받으시고 간직하셨을 뼈아픈 마음에 대하여 당신께 부르기 싫은 스승이라는 이름으로 당신께 사과를 받고 싶습니다. 제 어머님은 40중반을 훌쩍 넘긴 저를 보고도 며칠이라도 소식이 없으면 놀라셨지요, 가시는 그날까지 말입니다.

두서없는 편지 마칩니다.

언젠가 꼭 만날 수 있으시기를 바랍니다.

늘 건강히 지내십시오.

2006년 6월 어느 날

당신의 잘못이시라며 평생을 소리 없는 눈물로 지새우셨던 제 어머님께 드리는

당신의 사과를 받고 싶은 그러나 당신에게서 잊혀졌을

당신에게는 제자이자 도둑놈이었던 송유천 드림.

오늘 오래된 하드디스크를 열어 이것저것 살피다 발견된 부치지 못한 편지 중의 하나입니다. 사실 가슴에 응어리가 져 있었다 하여도 과언은 아닙니다. 저 스스로 이 응어리를 풀어야 하겠다 싶어 적었던 것이지요. 고교졸업 후 2006년 당시 이 편지에 언급된 홍 아무개와 처음 만났고 김해라는 같은 지역에 거주하다 보니 자주 만날 수 있어 이 이야기를 한 번 한 적이 있습니다만 편지의 사건을 전혀 기억하지 못하더군요. 제게 타의든 자의든 상처를 준 그가 기억을 못 한다는 것을 원망을 해야 하는지 고맙게 생각을 해야 되는지 모르겠더군요. 어쩌면 홍 아무개는 당

시 진짜 도둑을 찾지 못하였기에 저를 아직도 도둑으로 생각하고 있을 지도 모를 일이지요. 한편으로는 그는 당시 돈을 잊어버린 피해자라는 기억만 가지고 있을 뿐일지도 모르지요. 또 저를 배려하는 의미에서 모른다고 했을 수도 있겠지요. 만약 그가 나를 배려하여 모른다 하였으면 저에 대한 진짜 모독이겠지요. 어찌 되었던 저는 이 사건으로 말미암아 습관적으로 30이 넘을 때까지 사무실이나 탈의실 등에 혼자 머무르지를 못했습니다. 참으로 긴 시간이었습니다. 무의식 중에 박혀있는 습관 참 무섭더군요. 홍 아무개를 볼 때마다 이 사건이 생각나서 이제는 잊자 마음먹고 쓴 편지라 보시면 될 것 같습니다.

만약 당시 같은 사건이 요즘 발생했다면 어떤 결과가 되었을까요? 당시로 보면 조그만 꼬마가 참 당돌하였던 것 같아요. 하지만 지금이라면 이런 이야기가 아닌 전혀 다른 이야기가 될 것이 분명한 것 같습니다.

사실 제겐 박아무개 이 양반을 제외하면 좋은 선생님들이 무척 많습니다. 아니 이 양반만 빼면 모두 참으로 좋으신 선생님들이었습니다. 그야말로 참스승으로서 자격이 넘치는 분들이지요.

선생님 중 제 인생의 전환점을 만들어 주신 몇 분을 소개하자면 초등학교 2, 3학년 담임이셨던 박경애 선생님. 선생님께서는 부진아는 아니었지만 맨날 엉터리 같은 저를 바로 잡아 주셨고, 4학년 담임이셨던 천창우 선생님께서는 제게 공부를 왜 해야 하나 그 이유를 가르쳐 주셨지요. 다른 반 담임이셨지만 도서관 담당이셨던 노명숙 선생님께서는 저 때문에 퇴근도 하지 않으시고 제가 갈 때까지 기다리시면서 배가 고픈 제자를 위해 빵과 우유를 주셨지요. 그런 노 선생님 덕분에 도서관의 책이란 책은 모조리 다 읽었지 않나 싶어요.

중학교 때는 서영수, 변재호 국어선생님들의 아주 재미있고 날카로운 문장의 분석에 반하였고, 수학을 가르치신 김용준 선생님의 지극한 관심을 받아 신나게 공부를 할 수 있었으며, 중3 말 어려운 집안 사정으로 잠시 방황하던 저를 바로잡아 주시고 물리를 아주 재미있게 가르치신 송판출 선생님과 생물을 가르치신 정삼동 선생님, 그림을 그리지 못하는 저를 그림이란 자신을 나타내는 것이라고 말씀하신 박종숙 선생님, 그리고 음악과 더불어 각 나라의 민요에 담겨있는 설화나 전설을 아주 감동 깊게 들려주시고 세계의 유명 영화를 연속극처럼 재미있게 이야기해 주셨던 차순련 선생님, 불행하게도 선생님의 성함을 잊어버렸습니다만 점심 도시락이 없어 개구멍을 넘나들던 제자를 위해 자장면을 사주신 체육 선생님 등등.

고교시절, 공책의 낙서에 일일이 평가를 해주신 김병택 선생님, 저의 퇴학선언을 번복하게 하신 박기수 선생님, 제 학창시절의 처음이자 마지막으로 수업시간 중 제게 뺨을 때리신 유독 제게만은 엄격하셨던 기계설계이론을 가르치신 김재규 선생님, 자퇴하려던 저를 달래시며 당신의 예쁘디예쁜 따님을 소개해 주셨던 김영채 선생님, 봉사를 즐거운 것으로 가르치신 이충석 선생님, 어린 동생을 대하듯 저의 상처를 보듬어 주신 꺽다리 진종태 선생님, 어린 제자의 엉뚱한 질문에도 너무나 설명을 친절하게 잘해주신 기구학을 가르치신 배순효 선생님, 마르크시즘을 열강

하시며 눈빛이 아주 날카로우셨던 최현모 선생님 등등 참 많은 분이 계십니다.

이 외에도 여러 대학에서 저를 가르치신 선생님들도 많이 계시지요. 또 사회생활 중에 만난 많은 선생님, 모두가 좋으신 분들이었지요. 아, 싫어하는 분 딱 한 분 계십니다. 말 많은 문학계의 원로라 자칭하는 부산의 모 대학교수한 양반. 신춘문예로 새로 등단할 것을 말한 양반. 그 양반이 있었네요.

＊2013년 3월 말 어느 날에 기억을 덧붙이다.

## 정 미 선


한국문인협회 회원

한국시사랑문인협회 회원

# 바람

정 미 선

"사람이 자면 바람도 잔다." 요즈음 날씨가 그렇다. 낮에는 폭염에 밖에 나갈 수 없지만 그나마 바람이 솔솔 불어 다행인데 밤이면 영락없이 바람이 조용해지면서 열대야가 계속되고 있다. 사람이 자면 바람도 잔다는 것은 태양에 의한 기온으로 낮이면 육지 쪽으로 불고 밤이면 바다 쪽으로 불어 우리는 바람이 잔다고 하는 것 같다. 사람이 움직여야 자연이 움직인다는 이야기인데 자연을 친한 친구라 부르고 싶다. 바람이란 공기의 수평적인 운동으로 기압과 온도 차이에서 바람이 분다고 한다. 모든 이치가 그렇듯 바람도 높은 곳에서 낮은 곳으로 불 것이다. 기온이 올라가면 공기가 상승해서 그 자리를 메우기 위해 주변의 공기가 들어오면서 바람이 분다.

바람의 종류를 살펴보니 동풍으로 일명 샛바람이라 하는데 고유어로 '새'는 방위로는 동쪽을, 시간상으로는 새로운 출발을 의미해서 춘풍이라고도 하는데 살바람과 소소리바람은 살을 파고드는 찬바람을 말하고 꽃이 피는 것을 시기하여 부는 바람을 꽃샘바람이라 하여 봄바람이라 한다. 서풍을 하늬바람 또는 갈바람이라 하는데 가을에 먼 하늘에서 솔솔 분다 하여 실바람, 선들바람이라 하며 약간

춘 듯한 바람 소슬바람, 곧 서리가 내리면 서릿바람이라 한다. "마파람에 게 눈 감추듯 한다."라는 속담이 있는데 남풍으로 우리 가옥이 남쪽으로 마파람의 '마'가 이마의 '마'와 통하고 살을 에는 듯한 겨울에 부는 바람을 매운바람이라 한다. 피죽바람이란 모를 낼 무렵 오랫동안 부는 아침의 동풍과 저녁의 북서풍을 말하는데, 이 바람이 불면 그 해는 흉년이 들어 밥은커녕 피죽도 못 막는다 하여 붙여진 이름으로 우리네 삶과 정서가 담겨있음을 알 수 있다. 그 외에 태풍을 일컫는 돌개바람이나 산 고개로부터 내리 부는 재 넘어 바늘구멍에서 솔솔 들어오는 황소바람도 있다.

또 '바람꽃'도 있는데 흰색으로 줄기나 꽃이 가는 산야초로 바람에 산들거린다 해서 바람꽃이며 그리스 신화에서 바람 또는 바람의 딸이라는 의미의 그리스어 아네모스(Anemos)에서 유래되었다 하며 작은 바람에도 영원히 흔들리지 않고 바람의 신에게 거부로의 몸짓으로 고개를 살살 흔든다 한다. 바람 소리는 물리 과학적으로 장애물에 바람이 지나가면서 공기 맴돌이로 나는 소리라 한다. 나는 산사의 바람 소리를 제일 좋아한다. 대나무 숲을 지나가는 소리, 풍경소리, 염불 소리, 계곡의 물소리, 스님의 맑은 웃음소리, 범종 소리, 목탁 소리, 나뭇잎 떨어지는 소리, 등 마음의 안정을 주는 바람 소리들이다. 지인 황희영 시인의 두 번째 시집 제목이 『바람 소리』라서 친근감이 있고 최원정 시인의 블로그 이름이 '바람꽃'이라 좋다. 우리 문학사에 유명한 윤동주님의 시집으로 『하늘과 바람과 별과 시』도 있다.

바람은 자연을 변화시키고 성장하게 한다. 적당히 불어 꽃이 피게 하고 열매를 맺게 한다. 특히 민들레는 바람에 의해 수정된 후에 씨앗을 멀리 퍼트리는 방법으로 깃털을 이용하여 날아가는 것으로 바람으로 수정되는 풍매화(風媒花)다. 그 외에 벼, 보리, 봄철에 알레르기를 일으키는 소나무와 뽕나무, 자작나무, 느티나무와 아카시아, 느릅나무와 버드나무 등이 있다. 그뿐이랴! 망망대해에서 바람의 방향을 보고 항해를 하고 하늘을 날고 육지에서는 농사를 짓고 바람의 정도에 따라 우리는 미리 대처하게 된다. 특히 우리 생활을 유익하게 하는 것으로 제주도 같은 경우에도 바람을 이용해 풍력발전소로 전기를 얻고 있고 선풍기와 에어컨은 여름에 없어서는 안 되는 바람이지만 공기나 바람을 빼내는 송풍기 역할도 대단하다. 바람은 파도를 일으키고 저기압성 폭풍인 토네이도 같은 회오리바람을 일으켜 인간에게 피해를 주기도 하니 태풍의 위력은 자연이 우리에게 주는 가장 혹독한 것이 아닌가 한다. 반면에 낭만을 주는 갈바람과 산들바람, 소슬바람, 더운 여름날은 몸과 마음을 쉬게 하는 이중성을 가진 신비함을 가졌다.

'바람'하면 떠오르는 것은 미국의 작가 미첼이 1936년에 발표한 장편 소설 미국의 남북 전쟁을 배경으로 하여 당시의 사회상을 여주인공 스칼릿의 사랑과 삶을 사실적으로 그린 작품으로, 영화로 만들어지면서 더욱 널리 알려진 <바람과 함께 사라지다> 영화이며 음악으로는 <바람의 노래>가 많고 드라마, 영화 제목도 있다. 본인이 열심히 본 KBS2 드라마 <바람의 나라>도 있다. 역사 드라마에 가장 잘 어울리는 송일국 님이 주인공인 36작으로 유리왕의 아들인 3대 대무신왕을, 뜨거운 피와 뛰는 심장이 없는 '무휼(無恤)'이라는 이름을 붙여 꿈과 사랑이 뜨거운 바람이 되어 휘날리던 곳, 바람의 나라가 열린다! 바람이 되어 휘날리던 곳에 바람의 나라가 열리니, 얼마나 멋진 나라인가? 또 본인이 예전에 관여했던 가수 '하남석'님의 팬카페 이름이 노래제목을 따서 <바람에 실려>도 있다.

바람 중에 빼놓을 수 없는 맞바람에 대한 사전에는 head wind(정풍) 날씨기상으로 사람이나 물체의 진행 방향에 대해 반대 방향으로 부는 바람이고 head wind(정풍) 항공우주로 항공기가 비행하는 방향으로부터 불어오는 바람, upwind(정풍) 항공우주로 바람이 불어오는 방향, head wind (역풍)조선해양으로 배의 침로 방향에서 불어오는 바람이라 되어 있고 창문과 창문을 열면 맞바람이 불어 시원하지만, 한쪽만 열어 놓으면 바람이 막히고 만다. 부부가 누구 한 사람이 바람나면 따라서 한 사람이 같이 맞바람을 피는 경우를 말하는데 누구를 막론하고 좋은 일이 아니기에 언급을 피하고 싶다. 또 하나 여자를 잘 바꾸면서 사귀는 바람둥이가 있는데 여인들이 바람둥이인 줄 알면서도 빠지는 것은 그들만의 고급 기술이 있다고 한다. 알면서 속는 여인들이 한심하기도 하고 남녀 사이에 사랑이 없는 인위적인 기술이 얼마나 가겠는가마는 바람둥이가 없어지지 않는 한 여인들의 눈물이 마르지 않을 것 같다. 바람둥이가 일시적으로는 좋겠지만 한 번 더 생각하면 속는 사랑임을 확실히 알아야 할 것이다. 남자들은 바람둥이 여인들의 꼬리 침을 조심하시라!

바람은 미묘한 매력으로 우리와 살아가고 있는데 득도 되고 실도 되는 존재로 가수와 시인은 바람을 노래하고, 바람의 흐름에 도인이 있고 바람으로 인해 사랑도 있다. 바람은 여심과 통하여 불현듯 나타나 슬며시 사라지는 그리움 같은 것으로 긴 여운을 남기며 고독에 빠지게도 하고 설렘을 주기도 하며 바람 따라왔다가 바람 따라가는 게 인생이다. 바람은 있는데 어느 곳에 흔적을 남기는가? 찾아볼 수도 없고 만질 수도 없으니 바람은 한없이 무심하다. 그래서 매력이 있는지도 모른다. 예전에 눈에 무엇이 들어가면 엄마는 자연의 바람을 이용해 입으로 불어주면 감쪽같이 없어지고 더우면 부채를 이용해 부쳐주셨다. 아궁이에 불을 땔 때 풍로를 이용해 손으로 돌리면 활활 타오르던 게 생각나고 네모나게 종이로 가장자리를 접어 못을 박고 수수깡에 바람개비를 만들어 앞으로 모아 뛰면 돌아가는 놀이도 많이 했었다. 봄이면 옷깃에 파고드는 으스스한 바람은 냉정하여 젊었을 때는 병이 없지만, 나이 먹을수록 병이 되기도 한다. 풍이 그것인데 나도 조심해야 할 바람이지만 마음을 다스릴 줄 아는 사람은 걸릴 확률이 적은 병이라 한다. 어디에서 본 바람에 대해 표현한 좋은 글이 있어 소개하자면,(교회를 표현한 것이 아닐까 한다.) “바람은 지구가 쉬는 숨결인 듯합니다. 우리가 사는 이곳은 언제나 하나임을 깨닫게 하는 바람입니다.”

지루한 행로에서 간간이 여러 형태로 불어주는 바람은 우리가 사는데 밀접한 관계라서 그런지 왜 가정의 파탄을 가져오는 외도를 바람이라 했는지 바람에 대해 글을 쓰면서 이해가 가는 부분이다. 바람은 일정한 형태 없이 수시로 변하면서 분다. 사람의 마음(이성을 보면)을 들뜨게도 하며 부풀려지고, 오래가지 않고 한 번 스쳐가는 것이며, 마음을 설레게 하고 쓸쓸하게도 하는 게 바람이기에 그런 것이 아닐까? 가정에서 부는 바람은 계절에 맞추지 말고 좋은 계절 가을에 부는 갈바람 정도면 어떨까? 아니면 한들한들 코스모스를 흔들게 하는 바람으로 잠시 흔들리다가 제 자리로 오는 예쁜 바람이라면 어떨까? 그렇게만 된다면 우리는 가정에서 부는 바람을 어쩔 수 없는 경우에 잠시 일어나게 했다가 잠재울 수 있는 능력이 있다는 것으로 빡빡한 인생살이에서 청량제가 틀림없다. 그 외에 무에 바람이 들었다 하고 약속 장소에 안 나가면 바람맞았다 하고 바람 맞혔다 한다. 바람은 쓰임의 용도가 많은 것 같아 바람처럼 살고 싶다는 생각을 하며 이럴 때 조용필 님의 <바람의 노래> 첫 구절이 생각나 한 번 불러 보고 싶다. "살면서 듣게 될까 언젠가는 바람에 노래를, 세월 가면 그때는 알게 될까 꽃이 지는 이유를" 또 평상시 잘 흥얼거리는 정목 스님의 노래 <바람 부는 산사>도 불러보면서 우리나라 속담에 "가지 많은 나무 바람 잘 날 없다."라는 말이 있는데 요즈음은 자식 하나도 낳지 않으려 하는 세태지만 자식은 많을수록 좋다는 생각이다. 끝으로 나의 '바람'은 우리 가족 건강하고 행복한 삶을 누리는 것이며 모든 사람이 더불어 행복하고 남은 삶 글 쓰며 아름다울 수 있다면 모든 노력을 하고 싶은 게 꿈이다.

바람에 대한 글을 쓰면서 재미있는 것은 "바람"을 국어사전에서 옮기면서 끝을 맺을까 한다.

# [바람]

1. 기압의 변화에 따라 비롯되는 공기의 흐름.
2. 타이어, 공, 튜브 속에 들어 있는 공기.
3. 옷차림, 행동, 사상 따위 한때의 유행이나 분위기.
4. 마음이 끌리어 들뜬 상태나 그런 행동.
5. 바깥의 공기.
6. 주로 '~ 바람'의 구성으로 쓰여, 사회적으로 크게 일어난 일시적 유행이나 분위기를 나타내는 말.
7. 급작스레 세상을 뒤흔드는 기세.
8. 사소한 것을 크게 떠벌리는 행위
9. 풍병(風病)'을 속되게 이르는 말.

# 조 완 상

현재 '천주교수원교구청' 지기
한국시사랑문인협회 정회원

# 잿밥에 눈이 멀다

조 완 상

오늘 아침 우리나라 축구팀이 16강을 향한 마지막 관문, 그것도 우리가 소속된 조에서 가장 강한 벨기에를 상대로 4골 이상, 가장 크게 이겨야만 되는 기대하기 어려운 경기를 치러야 하는 날이다. 이기기는커녕 한 골이라도 멋지게 넣어 줄 것을 기대하며 새벽 4시 30분부터 일어나서 아내 권 여사와 함께 T.V 앞에서 기다리니 정작 축구경기는 하지 않고 광고와 팀 분석으로 한 시간을 더 기다렸다. 지치도록 지루한 시간이 지나 전반전이 시작되었다. 상대 팀에 계속 밀리며 패스는 엉망이고 마음은 급하여 허둥대며 시종일관 답답한 경기를 치르는 것이 너무도 무능한 우리나라 축구 현실에 짜증이 나는 것은 어쩔 수 없었다. 전반전이 끝나고 속상해서 숨을 몰아쉬고 있는 나에게 아내 권 여사가 갑자기, 자신이 축구를 응원하면 꼭 우리 팀이 지더라며 후반전까지 끝나서 결과를 알아보도록 하고 집에서 50킬로쯤 떨어진 '죽산성지'로 성지순례나 가자고 제안을 하는 것이었다. 좀 이른 시간이지만 축구를 보고 있자니 답답할 것이 뻔 한 일, 세속의 복잡한 일상을 떠나 피정하는 마음으로 함께 안성에 소재하고 있는 죽산 무명 순교자 묘소로 가기로 했다.

아내 권 여사는 몇 년 전에 허리디스크 지병으로 수년간 고통으로 괴로워하면서도 수술이 무서워 참고 견디었으나,

새로 설립하여 허리 및 목 디스크에 유능하다고 소문난 병원에서 예약 진찰한 결과 중추를 통하여 하체로 내려가는 두 개의 신경은 반으로 줄어들어 가늘어져 있었고 시간이 지날수록 더 강한 고통을 수반하고 더 지연되면 될수록 하반신 마비까지 일어날 수 있다 하니 어쩔 수 없이 '울며 겨자 먹기'로 장장 8시간의 긴 허리 수술을 감행했었다. 허리 디스크 3개 사이에 거의 닳아버린 연골은 연질의 인공물로 대신 채우고 동시에 뼈 3개를 철심으로 고정하는 수술로써 허리를 구부려야 할 때는 매우 부자연스럽지만, 그 지긋지긋한 고통을 없애주는 수술을 받을 수밖에 다른 방법이 없었다. 그에 인하여 6급 장애판정을 받았다. 약 1년간 꾸준히 재활운동을 하느라고 오랜 시간의 외출을 자제해왔다. 모처럼 가벼운 마음으로 기분 좋게 성지에 가서 기도하며 겸해서 산책도 하려고 약간은 설레는 마음으로 출발했다.

교외로 떠나는 그녀는 오랜만의 이 외출이 꽤 기대되는지 어린아이와 같이 들떠 있었다. 운전자와 많은 대화는 안전운전에 방해되는 것도 아랑곳하지 않고 길가의 꽃과 변화된 경치를 보며 쉴 새 없이 재잘대며 말을 걸어 왔다. 대충 말대꾸를 하며 좋은 기분을 상하지 않게 비위를 맞추었다. 좋아하는 그 모습을 보며 아프다고 집에만 있도록 하였던 내가 '그동안 너무 무심했구나.'하는 자책감도 들었다.

그럭저럭 성지에 도착하여 숲길을 조심스레 걸으니 아직은 새벽인지라 고요하고 모두 잠들어 있는 듯 조용하였다. 마침 살짝 부는 바람에 솔 향기 가득한 공기가 불어와 마음과 기분이 상쾌하기 그지없었다. 잘 정리된 숲길을 거쳐 무명 순교자 묘소로 가는 중에 경내에 있는 매실들이 누렇게 익어 바닥에 여기저기 널려 떨어져 있는 것이었다. 권 여사는 너무도 좋아서 쾌재를 부르며 재빨리 차에 가서 검은 비닐봉지를 꺼내다 떨어진 매실을 줍기 시작하였다. 순간 나는 당황하며 참~내! 가까스로 회복되어가는 허리에도 무리가 가고, 성지에 와서 엄숙하고 고요히 마음을 가다듬고 묵상은 못 할지언정 떨어진 과일을 탐내다니 선악과를 탐내는 아담과 이브가 저지른 죄를 답습하는 듯해서 양심에 가책되었다. 옆을 보니 커다란 예수님 상이 인자하신 모습으로 크게 손을 벌려 '지치고 힘든 너희는 모두 나에게 오너라.'는 듯 안아주시려는 모습인데 그에 비해 열매에 욕심을 부리고 있으니 주님께 배신을 안겨드리는 것 같아서 양심에 찔렸다. 이런 나의 마음과는 다르게 너무도 좋아 하는 그녀의 기분을 깨지 않으려고 맞장구를 쳤다. "와! ~ 아침 일찍 부지런히 움직이면서 성지에 왔더니 주님께서 우리에게 상급으로 이런 좋은 것을 주시는 것 같다."하며 그녀의 흥을 돋우었다. 그러면서 시선을 돌려 주위를 보니 몇 나무 건너에는 지금의 매실보다 훨씬 더 굵고 샛노랗게 익은 황금색 살구 열매가 그야말로 다닥다닥 달린 것이 보였다. 그녀에게 "저기 좀 봐라!"했더니 돌아본 아내는 환호성을 지르며 달려갔다. 그리고 그것들은 더 잘 익었음에도 하나도 떨어져 있지가 않았다.

조금 전의 선한 마음은 어디가고 나무를 흔들고 싶어진 내가 '어쩌지?'하며 권 여사를 쳐다보니 조금은 죄스럽고 미안한 나의 마음과는 다르게 이미 어린아이가 되어버린 그녀도 살구나무를 세게 흔들어 줬으면 하는 눈치였다. '에라 모르겠다. 눈 딱 감고 한번 흔들어 주자'하며 힘껏 나무를 흔들었다. 이게 웬일, 보통 많이 떨어진 것이 아니라 순식간에 잘 다듬어진 잔디 위에 노란 열매로 발 디딜 틈도 없이 가득히 황금색 살구 열매로 덥혀버렸다. 권 여사는 좋아서 '와!'하며 즐거운 비명을 질렀다. 순간 누가 볼세라 둘이서 마구 주워 담은 것이 순식간에 10kg 가까이 되어보였다. 20여 미터 떨어져 있는 차 트렁크를 열고 누가 볼세라 얼른 집어넣었다. 그리고 아무렇지도 않은 듯 슬그머니 다시 나무 밑으로 돌아와 한 번 더 흔들었다. 그래도 양심에 걸려 조금 약하게 흔들었는데 이번에도 적지 아니 떨어 져주었다. 잽싸게 주워 차 트렁크에 넣어 놓고 언덕 너머에 있는 순교자 묘역에 가서 반성하고 죄스러움을 덜기 위해 긴 기도를 마치고 집으로 돌아왔다.

보통 때 같았으면 이웃하여 살고 있어서 친하고 서로 숨기는 것 없이 지내는 사라 형수에게 자랑을 늘어놓았겠지만, 그 형수가 알면 당장 다시 가자고 할 것도 같아서 아무에게도 알리지 않고 서둘러 익은 열매들에서 씨를 발라내고 그 길로 시장으로 가서 설탕을 사다가 열매와 버무려 항아리에다 쏟아부었다. 그리고 누워 있는데 그녀가 쿡, 쿡 웃으며 내일 또 가자고 했다. 그야말로 '잿밥에 눈이 멀어 기도는 소홀하고 욕심을 부리는구나.' 생각되었지만 내 마음도 이미 살구밭으로 향해 있었는지 못이기는 척하면서 다음날 또 가기로 했다.

다음 날도 일찍 갔더니 아무 일 없었던 듯 조용하고 살구나무는 여전히 황금색의 굵고 싱싱한 열매를 자랑하고 있었다. 볼 것 없이 더욱 노련하게 흔들어 순식간에 어제만큼을 거두어 집으로 오니 사라 형수가 집에 와있었다. 양심에 찔려 계면쩍게 웃으며 그간의 애기를 다 털어놓으며 애기하였더니 사라 형수는 깔깔대고 웃었고 우리들은 공범처럼 함께 살구씨를 발라 설탕과 섞어 효소를 담갔다.

잿밥에 눈이 멀어 약삭빠르게 구해온 살구인지라 죄스런 마음을 억누르고, 마음은 이른 아침 성지순례를 어여삐 여기시어 상급으로 주신 것이라고 합리화시키고 있었다.

정말 그래서일까? 정년 후 일 년 반을 무위도식으로 지냈기에 은근히 밀려오는 경제적인 압박에 전전긍긍하며 지내는 나에게 교구청에서 '하느님 성전 지킴이'로 취업되었다고 출근하라는 연락이 왔다. 죄스러운 맘 중에 눈물 나게끔…….

# 회원 주소록

# 한국시사랑문인협회 회원 주소록


## ▌ 권 재 효

제주도 제주시 연동 273-3 제주은행 3층 '제주도의제21협의회'
☎ 064-748-1021　　☎ HP : 010-7312-8237
E-mail : ejuyka@han mail. net

## ▌ 김 계 선

부산광역시 사상구 양지로30번길5 현대APT 101동 706호
e-mail ;s7119@hanmail.net
☎ HP : 010-8345-6616

## ▌ 김 순 진

우) 130-814 서울 동대문구 난계로 26길 17호
삼우빌딩 C동 302호 스토리문학사
☎ 02)2234-1666　　☎ 010-2234-4461
E-mail : 4615562@hanmail.net

## ▌ 김 영 문

부산광역시 남구 대연3동 607-25
☎ 051-622-7785　　☎ HP : 010-7289-7088

## ▌ 김 원 식

우) 130-814 서울 동대문구 난계로 26길 17호
삼우빌딩 C동 302호 스토리문학사
E-mail : wind1120@hanmail.net
☎ HP : 010-3456-5180

## ▌ 김 인 성

부산광역시동래구 명서로52-6 1층
E-mail : na20423@naver.com
☎ HP : 010-4550-7751

▮ 김종호

우745-881 경북 문경시 모전천길 84-2 (모전동27-26번지)
☎ HP : 010-6293-8456
E-mail : beuja0216@hanmail.net

▮ 류준열

경상남도 산청군 단성면 강누방목로 2 단성중학교 교장실
E-mail : ryujunyul@hanmail.net
☎ HP : 010-9958-3965

▮ 박수연

부산광역시 해운대구 좌동 삼성아파트 108동 1002호
E-mail : bjel60@hanmail.net
☎ 051-703-2002 ☎ HP : 010-7567-4343

▮ 박종영

전라남도 목포시 북교길 25번길 1
E-mail : mpok113@hanmail.net
☎ HP : 010-8610-9300

▮ 배종대

울산시 남구 달동 133-1 선경아파트 2동 102호
E-mail : baejd9408@hanmail.net
☎ 052-274-5457 ☎ HP : 011-488-5457

▮ 송유천

부산광역시 서구 대신로 45번길 24-5(서대3가)
E-mail : dasanmc@hanmail.net
☎ HP : 010-8505-1458

▮ 이정희

부산광역시 금정구 서곡로34번길 27 (서동)
부산시 기장군 정관면 달산동 1020-9번지
E-mail : iris0025@hanmail.net
☎ 051-526-0025 ☎ HP : 010-4555-0101

## ▌정미선

서울시 구로구 개봉2동 337-15호 에덴빌라 402호
E-mail : jijunghwa8@hanmail.net
☎ HP : 010-4923-1102

## ▌조완상

우) 443-821 수원시 영통구 원천동 30-5 수양 A 105호
E-mail : chom1975@daum.net
☎ HP : 010-2073-6042

## ▌천향미

우 612-777 부산광역시 해운대구 대천로 35, 112동 1805호 (좌동, 코오롱아파트)
E-mail : poembada@naver.com
☎ HP : 010-7167-0567

## ▌최해춘

우) 790 - 830
경상북도 포항시 남구 송림로31번길 23 (송도동)
23, Songnim-ro 31beon-gil, Nam-gu, Pohang-si, Gyeongsangbuk-do
E-mail : choihc09@hanmail.net
☎ HP : 010-3528-5209

## ▌하영순

대구광역시 북구 대현로 서15길 51-1
E-mail : songwha41@hanmail.net
☎ HP : 010-2938-8741

## ▌한시종

부산광역시 영도구 동삼1동 1124-2 반도보라A 102-2403
☎ 051-404-5961　　☎ HP : 010-2554-2801

한국시사랑문인협회 엔솔로지

**바다의 샘 네 번째 이야기**

초판인쇄일 2014년 10월 5일
초판발행일 2014년 10월 11일

발행인 : 배종대 외
발행처 : 한국시사랑문인협회
편집인 : 이정희

인쇄처 : 도서출판 문학공원
디자인 : 김초롱
등 록 : 2004년 3월 9일 제6-706호
주 소 : (우편번호 130-814)서울 동대문구 난계로 26길 17호
삼우빌딩 C동 302호 스토리문학사
전 화 : 02-2234-1666
팩 스 : 02-2236-1666
홈페이지 : http://cafe.daum.net/yob51
이메일 : 4615562@hanmail.net

※ 책값은 뒤표지에 있습니다.